고통에 이름을 붙이는 사람들

고통에 이름을 붙이는 사람들

노동환경건강연구소 기획

**일터에서의 사고와 질병,
그에 맞서온 이들의 이야기**

포도밭

들어가며
고통에 이름을 붙이는 사람들

노동은 위험할 수 있는 것

노동자는 자신의 몸과 마음을 사용해 일한다. 그러니 노동자는 일을 하는 과정에서 몸과 마음이 피곤할 수 있고, 때로는 다치거나 병들기도 한다. 그런데도 불구하고 우리는 노동이 신성하다는 이야기는 흔히 하는 반면 노동이 위험하다는 이야기는 거의 하지 않는다. 노동의 신성함이 너무도 강렬하기 때문일까? 아니면 일하는 사람들이 노동의 주인이 되지 못했기 때문일까? 오늘도 누군가는 일을 하면서 마음이 아프고 누군가는 어깨를 못 쓰게 되고 누군가는 암에 걸리고 누군가는 목숨을 잃는 것이 현실임에도 노동의 위험과 고통은 잘 이야기되지 않는다.

아픔을 나누면 반이 된다는 말은 노동자의 아픔에도 적용될 수 있다. 노동자의 아픔이 동료와 가족과 회사와 사회와 나누어지면 아픔은 반의반의 반도 안 되게 줄어들 것이다. 노동자의 고통에 귀를 기울이고 아픔을 줄이기 위해 함께 노력한다면 말이다. 하지만 세상은 이 단순한 진리를 외면할 때가 많다. 노동자가 아프다고 말하려면 용기를 내야 한다. 노동자가 아프다고 말할 때 왜 아픈지 묻고 치료해주면 좋겠지만, 일 때문에 아픈 게 맞느냐고 의심부터 하고 결국 외면하는 것이 이른바 세상의 '상식'이 됐다. 아픔을 나눌 수 없는 노동자는 눈치 보며 견디다가 다치고 병들고 죽는다. 물론 법은 있다. 고용하는 자의 책임과 고용된 자의 권리를 법에 두었으나 책임은 너무 가볍고 권리는 너무 멀다.

노동의 고통을 나눌 줄 아는 사회

구의역에서 김군이, 발전소에서 김용균이 죽은 다음부터, 아프다는 비명을 알아듣는 사람들이 늘어나고 있다. 또 죽었네 하면서 무심하게 지나치는 것이 아니라, 생면부지의 노동자의 죽음을 가까운 지인의 죽음처럼 함께 아파했다. 가수들과 시민들과 노동자들이 노동자의 죽음에 대한 노래를 함께 부르기도 했다. 사실 30년 전에도 그랬다. 1988년 야간 고등학교 진학을 위해 영등포 수은온도계 공장에서 일하던 중학생 문송면이 수은 중독으로 죽었다. 문송면을 위해 사람들은 거리에서 장례를 진행했다. 같은 해 원진레이온에서 유기용제 중독으로 사람들이 쓰러지고 있다는 사실이 알려졌다. 많은 언론이 이 사건을 다루었고 정부 차원 조사도 진행됐다. 참다가 더 못 참겠어서 터져 나오는 비명이 있었다. 30년 전에도 사회는 노동자의 비명을 듣고 반응했다. 그런데 노동자의 고통을 나누는 사회가 됐다고 말하려면 보다 근본적인 변화가 필요하다. 노동자의 죽음에 대한 분노뿐 아니라, 노동자의 하루하루 무너져내리는 마음과 망가져가는 허리와 무릎에 대한 공감과 위로가 있어야 한다.

고통에 이름을 붙이는 사람들

변화란 거저 오는 것이 아니라 애써서 만드는 것이다. 그런데 노동자의 고통은 잘 드러나지 않기에 변화는 더욱 더디게 찾아온다. 위험한 일일수록 누가 볼까 봐 가린다. 공장의 담벼락으로 가리고, 어두운 조명으로 가리고, 때로는 오해와 편견으로 가린다. 그래서 노동자의 고통을 애써서 드러내려는 노력이 정말 소중하다. 아픔이 드러나야만 사회가 더 많이 아픔을 나누게 되고 노동의 고통을 키우지 않을 수 있기 때문이다. 1988년 문송면이 죽은 다음, 원진레이온 직업병 인정을 위한 싸움이 시작됐다. 10년 동안 원진레이온 환자와 시민과 노동자 들이 함께 싸웠고, 노동자의 아픔을 치유하고 사회에 드러내기 위해 1999년 녹색병원과 노동환경건강연구소를 만들었다. 이곳에 모인 사람들 중에는 의사도 있었고, 인간공학을 전공한 사람, 화학물질 기기 분석을 배운 사람, 아파하는 노동자의 곁을 묵묵히 지키며 학교가 가르쳐주지 않는 경험을 쌓아온 사람도 있었다.

　근골격계 질환이라는 말이 없던 시절이 있었다. 감정노동이라는 말이 없던 시절도 있었다. 감춰져 있던 고통에 이름이 생기면 사회가 아픔을 나누고 일의 위험을 줄일 방법을 의논하게 된다. 많은 사람들이 아픔에 붙은 이름을 부를 때, 노동자의 고통은 더 빨리 줄어들고, 일의 위험도 줄 수 있다. 그래서 누군가는 고통을 찾아내고 분류하고 측정해서 이름을 붙여야 한다. 고통의 이름이 여러 사람의 입에 오르내리고 언론을 통해 보도가 되고 법과 정책에 등장하면 사회는 더 이상 이 고통을 모를 수 없게 된다. 때로는 이름을 찾아내자마자 사회가 이름을 부르기 시작하기도 하지만, 대부분은 사회가 이름을 불러주기까지 아주 오랜 시간이 걸린다. 지난 20년 동안 녹색병원과 노동환경건강연구소의 사람들이 붙여온 고통의 이름들이 하나둘 쌓여갔다. 이들은 자신들이 찾아낸 고통의 이름을 사회가 부르게 되었을 때 다행으로 여겼다. 근골격계 질환과 감정노동에 대한 대책으로 법이 만들어졌을 때는 비로소 기쁨을 느꼈다. 서서 일하는 노동자 옆에 의자가 놓이게 되었을 때 좋았고, 작업장 공기와 먼지 중에서 의심했던 물질을 찾아내 직업병이 인정되도록 도왔을 때 보람을 느꼈다.

차별, 고통의 가장 큰 이유
고통의 실체가 드러나자 고통의 이유도 분명해졌다. 일에는 위험이 있게 마련이지만, 같은 일이라도 누가 하느냐에 따라 위험의 크기는 달라졌다. 견딜 수 없을 정도로 노동의 고통이 커질 때는 항상 차별이 있었다. 차별은 정규직과 비정규직 같은 고용 구조적 원인에 의한 차별도 있고, 나이와 성과 국적과 인종과 지역과 학력과 재산과 가족과 연줄과 외모와 같이 태생적이거나 사적인 차별도 있다. 놀라운 것은 이 모든 차별이 어느 하나 가리지 않고 일의 위험을 키우는 중요한 이유가 된다는 것이다. 비정규직이 정규직보다 많이 죽는 것이나 발암물질에 더 많이 노출되는 상황은 차별이 낳은 것이다. 우리나라에서 일하는 외국인 이주노동자의 자살률이 높은 것도 마찬가지다. 왜냐하면 차별은 일의 위험을 받아들이라는 강요이기 때문이다. 노동자는 차별에 적응하면서 위험을 감수하려고 애쓰다가 병들고 다친다.

차별 대신 존중
그래서 차별이 아닌 존중이 필요하다. 노동자의 아픔에 귀를 기울이고 그 아픔을 줄일 방법을 의논하는 것이 바로 존중의 자세다. 산업이나 직업의 설계 과정에서 노동자에게 발생할 수 있는 위험을 예측하고 줄일 방법을 미리 마련하는 것도 존중이다. 노동자가 아프다고 말할 수 있도록 권리를 보장하는 것도 존중이고, 사업주가 노동자의 목소리에 귀 기울일 의무를 만드는 것도 존중이다.

 존중은 국가적 차원, 기업의 차원, 그리고 시민의 차원에서 각각 다른 모습으로 나타날 수 있다. 국가적 차원의 존중은 법과 정책으로 나타난다. 국가는 고용형태나 국적이나 성이나 연령에 따른 차별 없이 모든 노동자에게 건강하고 안전하게 일할 권리를 보장해야 하며, 노동자를 고용한 모든 사업주에게 노동자를 보호할 책임을 요구해야 한다. 최근 중대재해기업처벌법에 대한 요구가 커지고 있는 것은 노동자가 일 때문에 죽는데 그것을 막지 않는 사업주에 대한 처벌이 너무 약하기 때문이다. 기업 차원의 존중은 노동자가 아프다고 말할 수 있게 하고 그 아픔을 함께 살펴서 줄이기 위해 노력하는 것이다. 노동자가 아프다고 말할 수 있는 환경은 바로 노동조합이 있는 환경이다. 그래서 노동조합이 더 많이 더 쉽게 만들어져야 하고 기업에서는 그런 노동조합을 존중하는 것이 노동의 고통을 줄이는 시작이다. 시민의 존중이란, 노동자를 그가 하는 일이나 그가 내게 해줄 서비스 같은 것으로만 보지 않고 나 혹은 내 가족과 마찬가지인 사람으로 보는 데서 시작해야 한다. 시민들이 높다란 담벼락에 가려진 발전소의 컴컴한 공간에서 컨베이어벨트를 점검하던 김용균을 볼 수는 없겠지만, 엘레베이터를 함께 타고 올라가는 택배 노동자는 볼 수 있다.

이제 함께 이름을 붙이자

밤새 코로나 19로 늘어난 물량을 처리하다가 죽은 택배 노동자는 우리 집에 들렀을지도 모른다. 우리의 눈앞에서, 일상의 공간에서, 노동자의 고통이 키워지고 있는데 우리는 왜 보지 못하고 있는 것일까. 학교 급식조리원 노동자, 병원 간병노동자, 에어컨 설치 기사, 아파트 경비 노동자, 환경미화원 노동자 등등. 나의 하루를 가능하게 해주는 이 수많은 노동자들이 겪을 고통을 눈치 채야 하는 것은 바로 나다. 작업복으로만 노동자를 보면 고통을 나눌 수 없다. 노동자를 나와 내 부모, 내 아이와 같은 사람으로 볼 때, 그 사람의 이마에 맺힌 땀이 보이고 찡그린 미소가 보이는 것인지도 모른다. 경비원의 해고를 막기 위해 뭉친 아파트 주민들, 환경미화원에게 위험할 수밖에 없는 100kg 쓰레기봉투를 없애기 위해 기준을 바꾸는 시의회, 학교 급식 노동자의 파업을 지지하는 학부모들은 시민으로서 노동자를 존중하는 법을 우리에게 알려주고 있다.

20년간 노동환경건강연구소와 녹색병원에서 일하는 사람들이 만난 노동의 아픔을 이 책에 모았다. 여기 등장하는 노동자는 발전소와 조선소의 노동자도 있지만 네일 아티스트나 실험실 연구원과 같은 노동자도 있고 택배, 청소, 간병 종사자처럼 가까이서 우리의 일상을 움직이는 노동자도 있다. 그 노동자들이 일터에서 겪는 고통에 우리가 어떤 이름을 붙였는지, 그리고 어떤 존중이 이 고통을 줄일 수 있을지를 책을 통해 제안해보려고 한다. 많은 사람들이 함께 노동자의 고통을 찾아내 이름을 붙이고 존중의 방법을 고민한다면, 우리는 죽음의 절규로 채워진 세상이 아니라 일상의 아픔과 불편을 살피는 사회로 한 발 더 나아갈 수 있을 것이다.

차례

들어가며 고통에 이름을 붙이는 사람들

1부 위험은 만들어진다
: 기업은 노동자를 어떻게 존중해야 하는가

상자에 손잡이를 달아주세요	17
조선소, 암의 위험	25
학교 실험실의 사업주는 누구일까?	39
태움, 어느 나이팅게일의 죽음	50
프랜차이즈 빵집, 노동권 사각지대	62
"아빠, 나 콜 수 못 채웠어"	74
20년 만에 다시 만난 택시 운전사	82
중장년 여성들의 전유물, 돌봄노동	88
상상하라, 화려한 호텔과 카지노의 노동을	99
발암물질을 없애고 싶은 노동자들	109

2부 죽음도 차별받는 현장
: 국가는 노동자를 어떻게 존중해야 하는가

빛을 만드는 노동자들의 어둠	119
경사 난 대한민국 영화 시장의 이면	131
소방관을 쓰러뜨리는 암	140

1인 1조 작업의 위험, 가축 위생 방역사		155
'작물보호제'라고요? '농약'입니다!		163
노후한 화학시설, 방치된 화약고		171
시한폭탄을 안고 달리는 화물차		182
고강도 등산이 직업인 사람들		189
방치되고 있는 어업인의 근골격계 질환		197

3부 드러나지 않기에 더욱 위험한
: 시민은 노동자를 어떻게 존중해야 하는가

환경미화원은 왜 가장 위험한 직업이 되었을까?	203
아름다움을 만드는 손, 네일 아티스트	210
플랫폼 노동자는 배달 노동자와 다른 신인류?	222
방문기사, 집으로 찾아오는 스파이더맨	230
무제한 노동에 시달리는 경비원, 노인의 일자리	241
벼랑 끝 택배 노동자	251

나가며	나 또는 우리 가족이 저곳에서 평생 일해도 좋겠는가	263
발문	녹색병원과 노동환경건강연구소의 꿈	269

1부

위험은 만들어진다

기업은 노동자를
어떻게 존중해야 하는가

상자에 손잡이를 달아주세요

이윤근

"추석 선물로 박스(상자)에 손잡이를 달아주세요."

추석 명절에 특히 많은 물품박스를 옮겨야 하는 마트 노동자들의 외침이다. "박스 손잡이가 뭐지?" 하는 독자들이 많을 것 같다. 예를 들어보자. 여름철 무거운 수박을 샀는데 감싸들 수 있는 수박망도 없이 그냥 들라고 하면 들기 어렵다. 그러나 수박을 망에 넣어 들면 들기가 수월해진다. 거기다가 손바닥 아프지 말라고 플라스틱 막대까지 끼워서 들면 더욱 가볍게 느껴진다. 무게는 전혀 변하지 않았는데도 말이다. 그만큼 물건을 들 때 손잡이 유무와 조건은 매우 중요하다.

박스에 손잡이 구멍이 없으면 수박을 감싸 안는 것처럼 박스 밑면에 손을 넣어 감싸 들어야 한다. 만약 박스 옆면에 손잡이 구멍이 있다면 앞의 수박의 예처럼 무게감은 훨씬 가벼워진다. 이를 과학적으로 계산하면 최대 10%의 허리 부담을 줄일 수 있다.*

나는 2019년 여름에 마트노동조합과 함께 대형마트의 노동환경 실태를 조사한 적이 있다**. 우리들이 흔히 접하는 화려해 보이는 매장의 모습이 아니라 후방 창고에서 일하는 노동자들의 노동 실태를 들여다보기 위해서다. 국내 굴지의 대형마트를 돌아다니면서 총 5,177명의 노동자 설문조사와 현장 평가를 실시했다. 조사 결과는 상상 이상으로 심각했다. 지난 1년 동안 손, 어깨, 허리 통증 등 근골격계 질환으로 병원 치료를 받은 노동자는 69.3%에 달했다. 통증으로 인해 지난 일 년 동안에 하루 이상 회사에 출근하지 못한 사람도 23.2%에 달했다. 마트 노동자 대부분이 근골격계 질환이라는 골병에 시달리고 있었다. 당연히 대부분 직업병으로 추정된다.

통증의 원인은 다양하다. 반복적인 중량물 취급과 과도한 허리 숙이기, 팔을 가슴 높이 이상 들어올리기 등의 부적절한 작업 자세, 특정 신체 부위의 반복적인 동작, 장시간 서 있는 자세 등 원인은 매우 복합적이다. 이중에서 가장 문제되는 것은 무거운 박스를 드는 중량물 작업이다. 주류나 음료 작업자는 평균 10.8kg의 제품 박스를 1일 252박스 정도 취급하며,

---

* 미국국립산업안전보건연구원NIOSH에서는 중량물 적정하중RWL을 계산할 때 손잡이 유무나 상태에 따라 10%의 하중 부담을 덜 수 있다고 평가하고 있다.

** 노동환경건강연구소, 「마트 노동자 근골격계 질환 실태조사 결과」, 민주노총서비스연맹 마트산업노동조합, 2019.

박스를 드는 횟수는 1일 평균 403회나 된다. 어림잡아 계산해도 하루에 4톤 이상의 중량물을 취급한다. 이는 허리에 가해지는 부담을 기준으로 볼 때 기준치를 1.2배에서 최대 2.5배 초과하는 수준이다. 당연히 허리가 아플 수밖에 없는 힘든 작업이다.

문제는 이를 어떻게 개선할 것인가이다. 소포장 방법으로 중량물의 무게를 줄이거나 전동식 카트를 사용하면 상당 부분 개선할 수 있다. 그러나 역시 돈이 소요되는 문제여서 쉽지는 않다. 적은 비용으로도 개선 효과를 얻을 수 있는 쉬운 방법이 있다. 앞에서 설명한 박스에 손잡이 구멍을 뚫는 방법이다. 만약 손잡이가 있는 박스를 사용하면 현재의 중량물 부담을 10% 정도를 감소시키는 효과가 있어 허리 부담을 그만큼 줄일 수 있다. 손잡이 부착뿐만 아니라 중량물을 드는 작업 자세를 동시에 개선하면(박스를 들 때 몸의 중심에 최대한 가깝게 하고 허리를 곧게 편 자세를 취하도록 한다) 최대 40% 정도의 개선 효과를 기대할 수 있다.

2019년 여름부터 1년 이상 정부 부처와 마트 회사를 상대로 줄기차게 개선을 요구했다.* 그러나 기업들은 '박스에 구멍을 뚫는 공정이 추가되면 단가가 인상 된다'는 이유로 반대해왔다. 구멍 하나 뚫는 비용이 얼마나 되는지 정말로 궁금하

---

* 나는 박스 손잡이 부착의 필요성을 2008년 '서서 일하는 노동자들에게 의자를'이라는 캠페인을 할 때부터 주장해왔다. '박스에 손잡이를' 캠페인은 마트 노동자 노동환경 개선 사업 '시즌 2'인 셈이다.

다. 연세대학교 원종욱 교수의 연구(2015년)에 의하면 우리나라 주요 근골격계 질환으로 인한 사회적 손실 비용이 연간 4조 449억 원이나 된다고 한다. 엄청난 비용이다. 만약 박스에 손잡이를 부착해서 근골격계 질환자 발생을 1만 분의 1이라도 줄일 수 있다면 사회적 비용을 연간 40억을 줄일 수 있다. 1천 분의 1을 줄일 수 있다면 400억의 비용을 줄일 수 있다.

2020년 10월, 드디어 박스에 손잡이가 부착된다는 반가운 소식이 들려왔다. 박스 손잡이 부착을 요구한 지 1년 6개월만이다. 비록 일부 상품(자체브랜드 상품, PB 상품)에 국한되긴 했지만 시작이 중요하다. 또 반가운 소식이 들린다. 우체국 택배박스(7kg 이상)에도 손잡이가 부착된다고 한다. 머지않아 모든 박스에 손잡이가 부착될 것을 기대해본다.

다리가 너무 아파요

서서 일하는 것과 앉아서 일하는 것 중 어느 쪽이 건강에 좋은 것인지는 아직도 논란의 여지가 많다. 작업 특성과 개인의 신체적 조건 혹은 건강 상태에 따라 어떤 사람은 서서 일하는 것이, 또 어떤 사람은 앉아서 일하는 것이 편할 수도 있다. 예를 들어 정밀한 조립 작업이나 검사 작업, 사무 작업 등은 앉아서 일하는 것이 좋고, 육체적 활동이 많은 경우에는 서서 일하는 것이 더 좋을 수도 있다.

문제는 얼마나 오랫동안, 그리고 얼마나 지속적으로 서 있느냐 혹은 앉아 있느냐다. 즉, 서서 일하는 작업에서는 경우에 따라(육체적 피로를 느낄 때나 쉴 때) 앉을 수 있는 의자가 제공돼야 한다. 중요한 것은 작업자에게 선택권이 있느냐의 문제다.

장시간 서서 일하면 주로 하지정맥류나 무릎의 퇴행성관절염, 요통과 같은 질병 발생률이 높아진다. 덴마크에서 12년 동안 추적 연구한 결과*를 보면 장기간 서 있거나 걷기를 요구하는 작업의 경우 하지정맥류 발생의 상대 위험이 남성은 1.75배, 여성은 1.82배 높은 것으로 알려져 있다.

2019년에 조사된 마트 노동자 근골격계 질환 실태조사 결과**를 보면 대형 할인마트 매장에서 일하는 노동자들은 하루 종일 서서 일한다. 하루 동안 서서 일하는 시간은 평균 6.5시간이고, 연속해서 서 있는 시간도 평균 2.8시간이다. 하지정맥류 증상을 한 가지 이상 경험한 사람은 78.6%, 질환으로 의심할 수 있는 징후를 한 가지 이상 가진 사람은 43.2%로 매우 높은 유병률을 보이고 있었다.

장시간 서서 일하는 작업의 개선 방법은 너무도 간단하고 쉽다. 바로 의자를 제공하여 잠시라도 앉을 수 있게 하는 것이

---

* Tuchsen F, Hannerz H, Burr H, Krause N, "Prolonged standing at work and hospitalization due to varicose veins: a 12 year prospective study of the Danish population", in *Occup Environ Med,* 62(12): 847-850, 2005.
** 노동환경건강연구소, 「마트 노동자 근골격계 질환 실태조사 결과」, 민주노총서비스연맹 마트산업노동조합, 2019.

다. 산업안전보건법(시행규칙 제80조, 의자의 비치)에도 "사업주는 지속적으로 서서 일하는 근로자가 작업 중 때때로 앉을 수 있는 기회가 있으면 해당 근로자가 이용할 수 있도록 의자를 갖추어 두어야 한다"로 규정되어 있다.

그러나 마트 매장에서 일하는 노동자들에게는 너무도 먼 이야기다. 매장에 의자가 보급된 경우는 19.9%에 불과하다. 그나마 지급된 의자도 관리자의 눈치가 보이거나 너무 바빠서 앉지 못하는 경우가 70%나 된다고 한다.*

서서 일하는 사람이 경우에 따라 의자에 앉는 일을 여전히 많은 사람들이 용납하지 않는다는 현실의 문제가 있다. 심지어는 백화점에서 근무하는 서비스 작업자가 앉아서 고객을 맞으면 건방지다고 생각하거나 혹은 게으르다고 여기는 경우도 있다.

서서 일하는 노동자에게 앉을 수 있는 조건을 제공하는 것은 산업안전보건법에 보장된 노동자의 권리이자 사업주의 의무사항이다. 그러나 법적 규정을 논하기 전에 더 중요한 것은 일하는 노동자에 대한 배려와 존중의 문제다.

우리 주변에 있는 서서 일하는 노동자들이 건강을 지킬 수 있도록 배려하는 마음이 그들을 위하는 가장 쉬운 방법이 될 수 있다는 뜻이다.

---

* 노동환경건강연구소, 「마트 노동자 근골격계 질환 실태조사 결과」, 민주노총서비스연맹 마트산업노동조합, 2019.

제대로 된 의자를 주세요

현대인들이 업무시간에나 일상생활에서 가장 흔하게 접하는 물건 중의 하나가 의자다. 어떤 경우는 퇴근할 때까지 8시간 이상 의자에 앉아 일을 하며, 퇴근 후 집에 있는 컴퓨터를 이용할 때 역시 의자에 앉게 된다. 이처럼 현대인의 상당수는 적어도 하루 중 1/3 이상을 의자에 앉아 생활한다.

장시간 의자에 앉아 있으면 서서 일하는 것과는 반대로 육체적 피로는 적어지지만 허리의 디스크 압력이 높아져 요통 발생률이 높아진다. 똑바로 서 있을 때 디스크 압력이 100kg 정도라면, 의자 등받이에 기대고서 똑바로 앉아 있을 때는 140kg 정도의 디스크 압력이 가해지게 된다. 만약 의자 등받이가 없거나 기대지 못하면 185kg 정도의 디스크 압력이 가해져 서 있는 것에 비해 1.8배 정도 허리 부담이 커진다. 의자를 비치할 때 제대로 된 의자를 지급하는 것이 매우 중요하다는 이야기다.

마트노조의 조사 결과(2019년)에 의하면 대형마트 계산대의 경우 의자 보급률은 98.2%로 거의 100%에 가깝다. 그러나 의자가 보급되었음에도 불구하고 49%는 '의자가 너무 불편하다', '관리자 눈치가 보인다', '너무 바빠서 앉을 시간이 없다'는 등의 이유로 지급된 의자에 앉지 못한다고 응답했다. 즉, 의자는 보급되었지만 지급된 의자의 반절 정도는 자리만 차지하고 앉지 못하는 무용지물에 불과한 것이다. 따라서 의자를 비치하는 것도 중요하지만 제대로 된 의자를 지급하는 것과 앉을 수 있는 작업 조건이 동시에 만들어져야 한다. 앉을 수 있는 제대로 의자가 마트 계산대뿐만 아니라 매장과 후방 곳곳에 놓이기를 바란다.

조그마한 배려, 노동에 대한 존중이다

박스에 손잡이 부착을 요구하거나 앉을 수 있는 의자를 제공해달라는 것은 너무도 소박한 요구다. 법(산업안전보건법)에도 보장된 노동자들의 당연한 권리이며 사업주의 의무다. 당연한 것임에도 우리는 끊임없는 요구와 협상, 그리고 언론 홍보 등 기나긴 싸움을 통해 겨우겨우 권리를 '얻어낸다'. 청소 노동자들이 쉴 공간이 없어 창고 구석에서 식사하는 모습을 보고도 '무슨 문제지?' 하고 외면한다. 백화점 서비스 노동자는 당연히 서서 손님을 맞이해야 한다고 여긴다. 반면 의사나 변호사가 의자에 앉아 고객을 맞이하는 것은 당연하게 생각한다. 캐나다의 카렌 머싱Karen Messing 교수는 이러한 문제는 인식의 차이(공감격차)에서 비롯된다고 말한다.

무엇보다 고용자의 인식이 바뀌어야 한다. 비용 관점에서 노동자를 바라볼 게 아니라 그들을 배려하고 그들의 노동을 존중하는 인식으로 바뀌어야 한다. 그래야만 법에서 정한 최소한의 권리가 어쩔 수 없이 해야만 하는 의무가 아니라 당연함으로 여겨질 수 있고, 그들의 권리를 보장하는 실천으로 이어질 수 있다.

조선소, 암의 위험

김원

최근에 대형 조선소에 근무하는 노동조합 간부와 통화한 적이 있다. 현장 노동자들이 제기하는 몇 가지 문제들에 대해서 상의하다가 통화 말미에 요사이 폐암환자들이 계속 발생하고 있다는 소식을 들었다. 이 말을 들었을 때 "올 것이 오고 있구나" 하는 생각이 들었다. 안타깝지만, 사실이 그렇다. 조선소에서 간간이 발생하는 대형사고보다 더 긴장하고 대비해야 할 것이 암이다.

조선업의 부흥, 환영 반 걱정 반
누구나 한 번쯤은 배를 만들어본 경험이 있을 것이다. 낮에 놀다 두고 와서 엄마 곁에 누워도 생각이 난다는 나뭇잎 배나 종이배 정도는 수도 없이 만들어봤을 것이다. 그러나 아파트 한 채만 한 크기의 배를 만드는 것은 상상하기조차 어렵다. 어쩌다 조선소에 가서 견학을 한다 해도 철판으로 된 거대한 배를 만들어 바다 위에 띄울 수 있다는 것은 좀처럼 실감이 나지 않는 일이다. 배를 만드는 작업을 지켜보고 있자면 문득 태권브이 같은 거대 로봇을 만드는 일도 가능할 것처럼 보인다. 운동장 트랙만 한 크기의 철판을 자르고 구부리고 용접해서 연결하고, 각종 배관과 설비를 채워넣어서 블록처럼 차곡차곡 쌓아올리는 과정은 실로 경이롭기까지 하다.

몇 해 전까지만 해도 조선업이 침체되면서 지역경제 전반에 걸쳐 어려움이 확산되고 있다는 우려가 많았다. 다행히 최근에 국내 조선업이 다시 부흥하고 있다는 소식이 들려온다. 조선업 경기가 다시 살아나서 일자리가 늘어나고 지역경제에 안정적인 토대를 제공하는 것은 환영할 만한 일이다. 그럼에도 조선업에 종사하는 노동자들의 건강에 대한 우려가 마음 한편에 묵직하게 걸린다.

조선소, 얼마나 위험해?
1997년에 「노동사회」 11호에 게재된 어느 노동조합 간부의 기고문을 보면 과거 조선업이 얼마나 위험한 직종에 속하는 것이었는지 잘 알 수 있다. 이 글에 의하면 1994년부터 1997년까지 해마다 40여 명가량의 노동자들이 산재로 사망하고 있었다고 한다. 당연하게도 조선업종 산재 사망률 세계 1위라는 부끄럽고 참담한 기록을 얻게 된다. 또한 조선소 노동자들이 여러 형태의 병으로 죽어가고 있다고 보고하고 있는데 석면 흡입으로 인한 폐암, 유기용제 중독에 의한 백혈병, 망간이라는 중금속 중독에 의한 신경증, 그리고 신체 각 부위에 나타나는 근골격계 질환 등이 대표적이다. 신체 어느 한 곳이라도 성하기 어려운 처지였음을 잘 보여주고 있다.

최근에는 과거에 비해 사망사고 만인율(노동자 1만 명당 사망사고자 수)이 점차 낮아지는 추세를 보인다고 한다. 그러나 여전히 끔찍한 중대사고가 발생하고 있고 특히 하청 노동자의 사망사고 비율이 현저히 높게 나타나는 문제점이 개선되지 못하고 있다. 반면 직업병 발생은 점차 우려스러운 경향을 보여주지 않을까 걱정된다. 특히, 암의 경우는 발암물질 노출 이후 실제 병이 나타나기까지의 잠복 기간이 상당히 길기 때문에 그것이 직업병으로서 서서히 드러날 시기에 이르렀다고 보인다.

배를 만들다가 암을 키울 수 있다
조선소에서는 실제로 어떤 암이 발생할 수 있을까? 조선소 노동자들이 어떤 일을 하면서 어떤 물질을 취급하는지를 살펴보면 어떤 질병이 발생할 것인지를 대략 짐작할 수 있다. 노동환경건강연구소에서는 노동 현장에서 얼마나 많은 발암물질이 사용되고 있는지를 조사한 적이 있다. 일명 '발암물질조사사업'이라는 기획을 통해 노동 현장의 유해물질 사용실태를 사회에 알리고자 했다. 이 사업의 일환으로 2010년 2개의 대형 조선소의 노동조합으로부터 물질안전보건자료*를 제출받아 유해물질 사용 실태를 파악해 보았다. 옆의 표는 그중에서 발암물질로 분류될 수 있는 물질과 그것이 사용된 제품 유형을 보여주고 있다. 표에서 정리한 바와 같이 조선소에서 취급되는 물질들 때문에 발생할 수 있는 암 중에서 가장 유력한 유형은 폐암이다. 그 외에도 음낭암과 비강암, 그리고 백혈병과 같은 암이 발생 가능하다. 대부분 도료에 사용된 물질들 때문에 나타날 수 있는 암이라는 것을 알 수 있다. 참고로, 표에서 발암성의 구분은 당시 노동환경건강연구소가 기존 분류체계를 기반으로 해서 독자적으로 재편한 것이다. 1급은 사람에 대한 연구조사에서 암을 일으킨다는 것이 이미 확정된 물질에 대한 분류이다. 2급은 암을 일으키는 증거가 사람에게는 불충분하나 동물에게서는 확인되었으며 발암성에 대한 기전 등 여러 가지 근거에 의해 사람에게도 암을 일으킬 가능성이 높은 물질에 대해 분류한 것이다.

---

* 물질안전보건자료는 화학물질을 안전하게 사용하기 위한 설명서이며, 「산업안전보건법」에 근거하여 사업주는 사용하는 화학물질의 물질안전보건자료를 확보하고, 작업자들에게 사용상 주의사항 등을 교육하고, 그 화학물질을 취급하는 곳에서 언제든지 잘 볼 수 있도록 비치를 해야 하는 의무가 있다.

표. 조선소에서 사용되는 제품에서 발견되는 주요 발암물질의 예

물질군	물질명	발암성	호발부위	용도
PAHs	벤조[a]피렌	1급	방광, 후두, 폐, 음낭	도료
콜타르화합물	콜타르	1급	피부, 방광, 폐, 음낭	도료
실리카	실리카, 석영	1급	폐	도료, 용접봉, 바닥재, 플럭스 등
6가크롬	크롬산아연	1급	폐, 비강	접착제 등
	크롬산 납	2급	폐, 비강	도료, 부식방지제
	C.I 색소 적색 104	2급	폐, 비강	도료
	C.I 색소 황색 34	2급	폐, 비강	도료
염소계 화합물	염화비닐	1급	간(혈관육종)	도료
	디클로로메탄	2급	뇌	도료
	사염화탄소	2급	백혈병	도료
납	금속납	2급	생식독성, PBT*	정보없음
프탈레이트	다이-(2-에틸헥실)프탈산	2급	간	정보없음
-	4,4′-메틸렌다이아닐린	2급	방광	경화제, 도료

출처: 노동환경건강연구소, 2010

* PBT: Persistent, Bioaccumulative Toxic Substances, 환경에 오래 동안 남아 있고 생체 내에서 축적되는 성질을 갖는 유해물질을 말한다.

지금은 없어진 발암물질, 그러나

이것이 전부일까? 불행히도 그렇지 않다. 대표적인 것이 석면이다. 석면이라면 바로 앞에서 언급한 1997년 기고문에서는 발암물질의 대표선수로 등장했었다. 그런데 왜 2010년에 조사된 자료에는 없을까? 그 이유는, 우리나라에서는 2009년부터 모든 형태의 석면의 수입, 제조, 사용이 금지되었기 때문이다. 금지되기 전까지 석면은 선박을 제조하는 과정에서 많은 양이 사용됐다. 주로 선박의 엔진이나 격벽 사이, 그리고 각종 배관이나 파이프 등의 보온재로 사용됐다. 선박에 사용된 석면의 문제는 클레망소 호라는 프랑스 항모의 해체 이슈에서 잘 나타나고 있다. 클레망소 호라는 이름의 항모가 30여 년의 활약 끝에 1997년에 퇴역하고 최종적으로 해체 명령을 받았으나 클레망소 호에서 폐기되어 쏟아져 나올 유해 폐기물 때문에 최종 해체지를 찾지 못해 여러 대양을 떠돌아야만 했다. 처음 선택된 해체지는 터키였으나 석면 해체 작업을 맡은 스페인 회사가 이를 거부하면서 인도로 향하게 됐다. 그러나 그린피스의 청원으로 제기된 환경오염과 노동자들에 대한 유해물질 노출 위험 때문에 인도로의 진입이 금지됐다. 부득이 프랑스로 다시 돌아왔다가 우여곡절 끝에 영국에서 해체될 수 있도록 조정됐다고 한다. 영국처럼 환경이나 안전에 대한 기준이 상대적으로 엄격한 국가에서 처리되는 것이 낫다는 판단이 중요하게 작용한 것으로 보인다.

클레망소 호에서 폐기될 유해 폐기물 중에서 가장 염려

되었던 물질은 석면이었다. 그린피스가 인도 재판부에 제출한 보고서의 유해물질 목록 중에서도 석면은 가장 많은 양(약 760톤으로 추정)을 차지했다. 석면은 보온 성능이 뛰어나고 극악한 환경에서 견디는 성질이 강한데 반해 다른 재료들보다 저렴한 장점을 갖고 있어서 선박, 철도, 건축 등에 두루 사용됐다. 그 결과 선박 제조업 혹은 선박 해체업은 석면 노출과 관련된 질환이 빈번히 발생하는 대표적인 업종으로 분류된다.

예를 들어, 미국의 경우 석면폐로 가장 많은 사망자가 등록되고 있는 업종이 건설이고 바로 뒤에 '선박과 보트의 건조 및 수리업'이 위치하고 있다. 조선업에서 오랜 경력을 갖고 있는 노동자들의 이야기를 들어보면 그럴 만도 하다는 생각이 든다. 용접할 때는 석면포(석면으로 만들어진 방화포로써 화재 예방 및 안전 등을 위해 사용됐다)를 사용하는 것은 기본이었다. 석면으로 된 보온재가 작업장 주변에 수북하게 널려 있는 경우가 많았고 추운 계절에는 휴식시간에 석면 보온재를 덮고 휴식을 취하기도 했다고 하니 작업 현장에서 얼마나 많은 석면이 사용되었는지를 능히 짐작할 수 있다.

상황이 이 정도면 석면 관련 질환이 나타날 가능성이 높은 것은 어찌 보면 당연한 것이다. 앞서 언급한 것처럼 우리나라에서는 2009년부터 석면 사용이 금지됐다. 석면 노출로 인한 암 발생의 잠복기가 대략 40년 전후라고 하니 (물론 매우 짧게는 1~2년 이내에 발생하는 경우도 있다) 이제 석면 노출로 인한 직업성암 발생이 시나브로 시작될 것이라는 전문가들의 우려가 현실이 될 가능성이 높다.

　석면으로 인한 질병의 가장 대표적인 예가 중피종이다. 중피종은 내장을 둘러싼 막이나 심장을 둘러싼 막에 암이 생기는 것이다. 석면 이외에는 그것의 원인물질이 거의 없어서 중피종으로 진단되면 앞뒤 없이 석면 노출이 발병 원인으로 지목된다. 이 외에 폐암과 석면폐가 빈발한다. 이제는 석면을 사용하지 않아 그나마 다행이다. 그러나 과거에 사용했던 석면이 드리울 그늘이 점점 짙어질 가능성이 농후하다.

숨어 있는 발암물질

석면은 현장에서 사라졌지만, 아직도 사라지지 않고 현장에 남아 있는 1급 발암물질이 있다. 바로 벤젠이다. 벤젠은 백혈병을 일으킬 수 있는 발암물질이다. 다시 앞의 표로 돌아가 보자. 그런데 벤젠 역시 표의 어디에서도 찾아볼 수가 없다. 조선업에서 벤젠 노출 문제를 언급하는 것은 헛다리 짚은 것 아닌가? 혹은 조사가 잘못된 것인가? 1급 발암물질을 찾아내지 못했거나 누락했다면 여간 심각한 잘못이 아닐 텐데, 설마 조사를 허투루 한 것은 아닐까? 노동환경건강연구소가 수행한 다른 조사 결과를 참고해보면 답을 찾을 수 있다. 2015년에 대형 조선소의 노동조합 의뢰로 노동환경건강연구소에서 별도의 발암물질조사사업을 수행한 적이 있다. 이 사업의 내용 중에는 현장에서 사용하고 있는 페인트와 시너 중 일부를 채취해서 벤젠이 오염되어 있는지를 확인하는 분석이 포함되어 있었다. 조합의 도움을 얻어 총 70개의 샘플을 채취해 분석한 결과 45개의 제품에서 벤젠이 오염되어 있다는 것을 확인했다.

놀라운 조사 결과는 잠시 접어두자. 연구소의 조사에서는 왜 벤젠을 콕 집어서 분석을 시도했을까? 벤젠과 악연이 있어서? 벤젠이 많은 노동자들의 건강에 악영향을 미쳐온 대표적인 발암물질인 것은 사실이다. 그러나 그렇다고 해서 매번 아무 이유 없이 벤젠을 지목해서 조사를 하지는 않는다. 답은 물질안전보건자료에 있다. 사실 물질안전보건자료가 두 가지 질문에 대한 답을 주고 있다. 첫 번째 질문은 왜 분석대상물질로 물질안전보건자료에는 기록되어 있지 않은 벤젠을 선택할 수 있었느냐, 하는 것이고 두 번째 질문은 왜 조사 결과표에는 벤젠이 없느냐는 것이다.

시너나 페인트의 물질안전보건자료에는 벤젠이라는 물질이 표기되어 있지 않다. 왜냐하면 벤젠이라는 물질을 원료로 직접 사용하지 않았기 때문이다. 대신 납사naphtha라는 물질을 시너나 페인트의 주원료 혹은 부원료로 사용한다. 납사는 석유에서 추출되는 핵심 제품인데 석유화학산업의 주요 원료로 사용된다. 납사라는 것은 정유공장의 생산 공정에 따라 매우 다양한 종류의 제품으로 만들어질 수 있다. 각 제품은 함유하고 있는 물질의 종류와 양이 모두 다르다. 그리고 결정적으로 어떤 공정에서 만들어지느냐에 따라 벤젠이 함유되어 있거나 오염될 수 있다. 제품을 만들면서 이런 납사를 사용하게 되면 역시 벤젠 함유 혹은 오염 가능성이 생기게 된다.

조사 당시 제출된 페인트나 시너의 물질안전보건자료에 따르면 벤젠 함유 가능성이 높은 납사가 사용된 제품들이 일부 있었다. 이 대목에서 혼란이 발생한다. 물질안전보건자료에는 제품의 제조에 사용된 원료 중 하나로 납사를 표기한다. 그래서 벤젠을 찾아볼 수 없는 것이다. 정리하자면 이렇다. 조사 당시 제출된 물질안전보건자료를 토대로 제품의 유해성을 검토했다. 어떤 자료에도 구성 성분으로써 벤젠이 사용된 제품은 없었다. 그러나 일부 시너나 페인트에는 벤젠 함유 가능성이 높은 납사가 사용되고 있었다. 이런 납사가 사용된 제품들 일부를 채취해서 분석해 보았더니 실제로 그중의 일부 제품에서 벤젠이 오염되어 있는 것을 확인할 수 있었다. 그래서 1급 발암물질이 숨어 있다고 표현한 것이다.

그나마 다행인 것은 벤젠이 0.1% 이상으로 함유된 제품은 없었다는 것이다. 통상적으로 어떤 제품 내에 발암물질이 0.1% 이상 함유되어 있으면 그 제품 자체를 발암물질로 본다. 그렇다면 괜찮은 거 아닌가? 그런데 조선업에서 도료가 사용되는 환경을 보면 마냥 안심할 수도 없다. 반밀폐에 가까운 환경에서 깊은 구석까지 도장 작업을 해야 하는 경우가 많기 때문에 일반 환경에 비해 유해물질의 농도가 훨씬 높아질 가능성이 있기 때문이다. 게다가 사용량도 많기 때문에 벤젠 노출 위험이 커질 수밖에 없다. 과거의 상황은 이와 비슷하거나 좀 더 열악했을 가능성이 높다. 그래서 백혈병 발생의 위험을 낮게 볼 수가 없다.

벤젠 노출로 인한 백혈병의 발생은 잠복기가 대략 5~10년 남짓 정도로써 석면과 달리 상대적으로 짧다고 알려져 있다. 조선업에서의 석면은 과거 노출로 인해 앞으로 문제가 나타날 수 있는 것인데 반해 벤젠은 노출 위험과 발병의 문제가 현재에도 진행 중이라는 점에서 결이 다른 특징을 갖고 있다. 벤젠이 의도적으로 사용된 것이 아니라는 점은 분명하다. 게다가 조선업의 경우 선주가 건조될 배에 사용될 제품들, 예를 들면 페인트와 같은 것들을 특정 제품으로 지정하는 경우가 일반적이라고 한다. 따라서 제품 관리의 어려움이 있는 것도 사실이다.

그러나 전체 사용 제품 중 일부라면 그리고 발암물질을 갖고 있는 제품이라면 발주자와 협의하고 조정하는 노력을 해볼 수 있지 않을까? 예를 들어서, 사용 예정인 제품들의 물질안전보건자료를 사전에 검토해서 벤젠 함유 가능성이 있는 물질이 사용되지 않는지, 혹은 발암물질이나 생식독성물질이나 돌연변이를 일으킬 수 있는 물질 등이 함유되어 있는지 등을 가려낼 수 있을 것이다. 이후 해당 제품들의 대체 가능성을 타진하고 보다 안전한 제품을 사용할 수 있도록 개선해나갈 수 있을 것이다.

빤히 보이는 발암물질

조선업에서의 암에 대한 이야기는 이쯤에서 멈출 수 있으면 좋으련만 아직 몇 가지가 더 남았다. 한국 조선업의 자랑이라는 용접 이야기를 빼놓을 수가 없다. 예전에 방송을 시작하거나 끝날 때 나오는 애국가의 4절 즈음에 이르면 자랑스러운 산업역군으로서 용접사들이 등장했다. 용접 장면에서 기억되는 것은 강렬한 빛과 희뿌연 연기다. 이 빛은 자외선이고 연기는 용접흄이라고 불리는 것이다. 용접 시 발생하는 자외선은 안구 흑색종ocular melanoma을 일으킬 수 있어 발암성 1급으로 분류된다. 용접흄 역시 폐암과 신장암을 일으킬 수 있는 증거에 입각해 1급 발암물질로 분류되고 있다.

용접할 때 사용하는 용접봉 일부에는 크롬과 니켈이 함유되어 있는데 이들 역시 폐암 등을 일으키는 발암물질로 분류되는 중금속들이다. 용접이 잘 되라고 용접 부위에 플럭스라는 물질을 도포하거나 혹은 용접봉 안에 플럭스가 삽입되어 있는 형태의 용접봉을 사용하는 경우가 있는데 이 플럭스가 타면서 비인강암이나 백혈병을 일으킬 수 있는 포름알데히드라는 발암물질이 발생된다. 이외에도 전자파 노출(좀 더 정확히는 극저주파대의 자기장)을 언급하지 않을 수 없다. 용접할 때 노출되는 전자파의 수준이 다른 직업에 비해 매우 높은 편이라고 알려져 있다. 직업별 전자파 노출량을 비교한 연구에 따르면 전기를 생산하는 공장(발전소)의 노동자들보다 용접공들의 전자파 노출량이 더 높다고 한다.

전자파 노출은 노동자들에게 백혈병을 일으킬 수 있는 가능성이 높다고 연구되고 있다. 또한 전자파 노출 자체로써 암을 일으킬 수 있는 가능성 이외에도 다른 발암인자들이 암을 촉발시킨 이후 실제 암으로 발전될 수 있도록 전자파가 도와주는 역할을 한다는 주장도 설득력을 얻어가고 있다. 조선업에서 진행되는 용접 작업을 본 경험이 있는 사람이라면 용접 자체만으로도 얼마나 힘든 일인지 알 것이다. 거기에 발암물질들까지 이고지고 일을 해야 하는 상황이니 이만큼 위험한 작업이 또 있을까 싶다.

마지막으로 하나만 더 보태고 글을 정리하자. 비파괴검사라는 작업이 있다. 이 작업은 용접이나 도장처럼 바로 짐작되지 않는 다소 생소한 일이다. 비파괴검사라는 것은 물품이나 설비를 파괴(혹은 해체)하지 않고 용접부위나 주물 속 등을 조사해서 잘못된 곳이 있는지를 찾아내는 작업이다. 선박 조립이 주로 용접으로 이루어지기 때문에 비파괴검사는 매우 중요한 역할을 하는 후속 작업이다. 조선소뿐만 아니라 각종 건설 현장을 포함해 약 8천여 명 정도가 비파괴검사 작업에 종사하고 있다고 한다. 비파괴검사에는 주로 x선과 γ선이 사용된다. 둘 다 방사선을 방출시키면서 조사 작업이 이루어지므로 방사선 피폭 가능성이 있다. 방사선의 위험은 누구나 잘 알고 있어서 설명을 덧붙일 필요는 없을 듯하다.

배는 노동자의 땀으로만 만들어져야 한다

조선업에서 발생 가능한 암의 위험을 정리하다 보니 생각보다 글이 길어졌다. 그만큼 다양한 발암인자들이 작업 현장 곳곳에서 발견될 수 있다는 것을 의미하기도 한다. 국내 조선업 경기가 다시 살아나 선박 수주량이 세계에서 압도적인 1위를 차지하고 있단다. 노동자들의 안전과 건강을 관리하기 위한 노력도 그에 걸맞게 준비될 수 있기를 바란다. 그리고 앞으로는 누구의 희생 덕분에 여기까지 올 수 있었다는 감상이 우리 고개를 무겁게 하는 일이 없었으면 좋겠다. 배는 노동자의 희생이 아닌 땀으로만 만들어져야 한다.

학교 실험실의 사업주는 누구일까?

최인자

실험실 사고의 기억

20년 넘게 실험실에서 일하고 있다. 화학물질 분석이 주요 업무이니 나의 일터는 실험실이고, 내 일은 다양한 화학물질을 사용하는 것이다. 그동안 크고 작은 사고들이 있었는데 특히 내게 교훈을 주었던 두 가지 사고가 기억에 남는다.

첫 번째 사고 당시, 나는 중금속 시료를 분석 중이었다. 기기에 시료를 주입하는 과정에서 시료를 다리에 쏟았다. 당시에 든 생각은 시료를 손실한 것에 대한 안타까움이었다. 실험복을 입고 있었지만 다리 한쪽으로 용액이 스며들었고, 나중에 확인해 보니 산 용액이 스며든 부위가 발갛게 부어올랐고 피부도 벗겨져 있었다. 질산 용액이 피부에 닿았기 때문이었다. 당시 사회 초년생이었던 나는 실험실에서 사용하는 화학물질의 유해성이나 안전에 대한 인식이 낮았다. 그 사고를 계기로 실험실에 들어가기 전에는 항상 실험복과 보호 장갑을 착용하는 습관을 들였으니 '소 잃고 외양간 고치는 격'이기는 해도 몸소 교훈을 얻은 소중한 경험이었다.

두 번째 사고는 2016년, 실험실에서 발생한 폭발 사고였다. 당시 신입이었던 연구원이 흄 후드 안에서 사용하지 않는 폐액을 정리하고 있었다. 화학 실험실에서 사용하는 대부분의 용액은 가연성과 폭발성이 크기 때문에 보관 및 저장도 중요하지만 폐기하는 과정도 중요하다. 보통은 화학물질의 특성에 따라 폐액을 분류하고 폐기업체를 통해서 안전하게 처리하고 있었다. 실험을 하는 과정에서 생긴 폐액은 물이나 다른 용액과 섞이면서 희석이 되기 때문에 고유의 물리적인 성질이 낮아지는 경향이 있다. 그러나 원액인 경우는 다른 물질을 만나서 가열반응을 일으켜 폭발할 수도 있기 때문에 섞지 않는 것이 원칙이다. 머리로는 분명 알고 있는 지식이지만, 실전에서 그 지식은 가끔 소용이 없어지게 되기도 한다. 폐기하려던 화학물질 용기를 서로 섞는 과정에서 가열반응이 일어났고, 작은 폭발이 일어났다.

  다행히도 흄 후드 안에서 일어났기 때문에 사람이 피해를 입지는 않았다. 흄 후드 안은 순간적으로 뿌연 증기로 가득 찼고, 냄새는 서서히 실험실 전체를 오염시켰다. 사고현장을 확인하고 나서도 추가적인 폭발이 있을 것이 염려스러워 선뜻 달려들지 못했고, 어디부터 수습해야 할지를 몰라 머릿속이 하얘졌다. 호흡보호구, 보안경, 보호 장갑을 착용하고 나서야 흄 후드 안의 잔해들을 치우고 정화작업을 실시하고 폐기물 처리를 했던 기억이 있다.

  냄새는 며칠이나 실험실에 머물렀고, 냄새가 가시는 그 며칠 동안 안타까운 사고를 계속 곱씹었다. 이론으로는 너무 잘 알고 있지만, 현실에서 얼마든지 사고가 발생할 수 있다. 실험실에서 사용하는 화학물질은 흔히 시약으로 불린다. 시약은 보통 갈색 유리병에 담겨있는데, 유리병 겉면에는 라벨이 표시되어 있다. 가연성, 폭발성, 질식성 같은 물리적 위험, 발암성, 급성독성, 자극성과 같은 건강 및 환경 유해성을 알 수 있는 분류와 해당하는 분류에 대한 그림문자가 표시되어 있다. 아마도 평생의 아찔한 기억을 남긴 신입 연구원은 시약을 사용할 때마다 분류 표시나 그림문자를 확인하고 또 확인하는 습관을 가졌을 것이다. 사고의 경험을 통해 실험실에서의 안전에 대해 다시 생각하고 교훈을 얻었을 것이니 값진 경험을 한 셈이다.

실험실 역시 노동의 공간

어릴 적 TV에 나오는 박사님들은 모두 흰색 가운을 입고 있었다. 형형색색의 용액과 더불어 그 흰색 가운은 어린 나에게 동경의 대상이었다. 대학생이 되어서 화학실험 시간에 흰색 실험복을 입고 나서야 흰색 가운은 스스로를 보호하기 위한 목적에서 입는 보호복인 것을 알았다. 「2019년 연구실 실태조사 보고서」에 따르면, 대학, 연구기관 및 기업부설연구소 등에서 설치 운영하는 연구실은 79,223개였다. 분야별로는 의학·생물 연구실이 19,507개로 가장 많았으며, 화학·화공 15,548개, 전기·전자 13,910개, 기계·물리 13,916개, 건축·환경 5,236개, 에너지·자원 2,974개 그리고 기타가 8,852개였다. 이 많은 연구시설에서 일하는 연구 활동 종사자는 1,315,110명이었다. 이들은 연구자이기도 하지만 노동자이기도 하다. 이들이 입고 있는 가운은 보호복이며 작업복이기도 하다.

연구실은 분야별 성격에 따라 취급하거나 다루는 재료 또는 사용하는 물질이 다를 수 있고 화학적, 생물학적, 물리적 유해요인 등 매우 다양한 직업적인 위험 요소가 있다. 화재나 폭발, 전기로 인한 물리적인 위험, 화학물질과 생물학적 인자를 다루면서 발생할 수 있는 건강상의 위험, 단순 반복 작업 등으로 인한 인간공학적인 위험까지 그 유해성의 폭은 넓다. 특히, 연구실의 상당 부분을 차지하는 의학·생물 연구실과 화학·화공 연구실 등의 화학 관련 연구실에는 수많은 화학물질 관련 위험 요인들이 산재해 있다. 화학물질을 다루는 실험실에는 독성 가스, 흄 그리고 시약과 같은 용액이 누출될 수 있고, 화학물질 노출로 인한 급성 독성, 질식, 화상 그리고 외상 등과 같은 건강상의 위험도 존재한다. 실험실에서 사용하는 많은 화학물질은 가연성 물질이거나 폭발성이 있기 때문에 철저한 관리와 보관이 필요하다.

그런데 이러한 환경의 실험실에서 일하는 이들을 위해 마련된 것이라고는 연구자이니만큼 스스로 조심하라는 준엄한 경고뿐이다. 연구자도 화학물질을 취급하는 작업에 종사하는 노동자이며, 따라서 실험실의 운영자는 이곳을 안전하게 관리해야 할 책임이 있다는 이야기를 하는 곳은 별로 없다.

실험실은 정말로 위험할 수 있는 노동 장소

미국 산업안전보건청OSHA에 따르면 실험실을 '유해화학물질을 실험실적 단위로 사용하는 시설, 소량의 유해화학물질을 비생산용으로 사용하는 장소'로 정의한다. 즉, 실험실에서 연구를 수행하는 학생들을 포함한 연구 활동 종사자들은 직업적으로 화학물질에 노출된다. 그러나 일반 제조업 사업장의 노동자와는 노출 패턴과 경향이 다를 수 있기 때문에, 실험실 종사자의 화학물질 노출 수준과 노출로 인한 건강 장해를 확인하는 것은 매우 어렵다.

우선, 실험실에서는 매우 다양한 종류의 화학물질을 사용하기 때문이다. 동일한 종류의 화학물질을 오랫동안 사용하기보다는 실험의 내용에 따라 수시로 화학물질의 종류가 변할 수 있다. 따라서 짧은 시간 동안 고농도로 노출되거나 오랜 시간 동안 낮은 농도로 노출되기도 한다.

두 번째로, 동시에 다양한 물질에 혼합적으로 노출되고, 연구주제에 따라 실험실의 작업환경이 끊임없이 변화하기 때문이다. 그러므로 당장에 화학물질 노출로 인한 건강 영향이나 피해가 나타나기보다는, 오랜 시간 동안 반복적으로 노출되면서 질병으로 나타날 가능성이 크다. 노출이 발생했다고 하더라도 사전에 위험성을 인지하거나 나중에 원인으로 확인하기가 쉽지 않다. 미국의 한 역학조사 결과에 따르면, 의학/생물 연구실과 화학 실험실의 종사자에게서 악성림프종, 백혈병 그리고 소화기계 암에 대해 사망 위험이 증가했다는 보고도 있었다.

국내에서는 2019년 12월 말, 정부출연 연구기관의 화학 연구실에서 일하던 연구자 2명이 백혈병으로 사망했다는 보도가 있었다.* A 연구원은 4년여 투병 끝에 백혈병으로 숨졌다. 2001년 입사해 자신의 병명이 백혈병임을 안 2016년까지 15년이 넘는 세월 동안 연구원은 열심히 일했을 것이다.

같은 연구기관의 유사한 실험실에서 일하던 B 연구원도 2018년 백혈병으로 숨졌다. 동료들은 톨루엔, 벤젠과 같은 유해화학물질을 다루었다고 했다. A 연구원과 B 연구원의 유족은 근로복지공단에 산업재해를 신청했다. 두 연구원의 사망원인인 백혈병이 실험실에서 사용한 벤젠 때문임을 인정해달라는 것이다. 벤젠은 국제암연구소에서 1급 발암성 물질로 분류하고 있다. 직업적으로 벤젠에 노출되면 백혈병을 일으킬 수 있다는 확실한 증거가 있는 물질이다.

그렇다면 두 사람은 벤젠이 발암성 물질인지 몰랐을까? 아마도 알았을 것이다. 발암성 물질 중 가장 많이 알려진 물질

---

* "백혈병 10명 중 1명은 직업성… 산재신청은 0.56%뿐", 《JTBC 뉴스》, 2019년 12월 26일자.

중 하나가 벤젠이다. 용기에는 발암성을 의미하는 그림 문자도 라벨에 표시되어 있었을 것이다. 발암성 물질임을 알고 있지만 노출을 피하지 못했을 가능성이 크다. 일반적으로 실험실에는 흄 후드라는 배기시설이 설치되어 있다. 벤젠과 같은 유해성이 있는 물질은 반드시 흄 후드 안에서 취급하거나 사용해야 한다. 흄 후드 안의 유해물질이 실험실로 새어나가지 못하도록 적절한 유속을 갖추고 있어서 실험실 종사자의 노출을 최소화시키는 역할을 하는 셈이다. 이러한 보호막과 같은 기능을 하는 흄 후드가 제대로 기능을 하지 못한다면 실험실의 공기는 오염될 수 있다. 결과적으로, 실험실 안에서 일하는 사람들은 유해화학물질에 노출될 수밖에 없다.

실험실에서는 다양한 종류의 화학물질을 소량 사용한다. 제조업 사업장에서 노출의 정도를 평가하는 노출 기준과 비교하는 것은 큰 의미가 없다. 실험실에서는 작업 시간이 짧기 때문에, 하루 8시간 동안의 작업 시간을 고려한 노출 기준과 비교하면 대부분 낮은 수준이다.

2014년 「연구실 화학물질 노출평가 및 관리방안 제시」*에서는 6개 기관의 14개 화학 연구실을 대상으로 21종의 화학물질 노출평가를 실시했다. 대부분 노출 기준과 비교하면 매우 낮은 수준이지만, 화학물질을 다루는 단위 작업 동안에는 노출 기준을 초과하는 경우도 있었다. 클로로폼을 이용하여

---

* 이윤근 등, 「연구실 화학물질 노출평가 및 관리방안 제시」, 2014.

세척 작업을 수행한 연구자의 경우 노출 기준을 33배나 초과했다. 클로로폼은 2급 발암성 물질이다.

실험실 종사자의 유해 요인에 대한 노출을 측정하기 시작한 것은 2005년 '연구실 안전환경 조성에 관한 법률' 제정 이후이다. 2000년 중반이 되어서야 실험실 종사자의 유해요인 노출 수준과 건강검진을 시작했으니, 실험실 종사자의 암 또는 각종 질환 등은 대부분 개인적인 질병으로 넘기는 경우가 많았을 것이다. 한국산업안전공단의 국내 직업병 심의사례(1998~2019년)를 보면, 연구직 및 실험실 종사자 대상 심의사례는 11건에 불과했다. 11건 중 4건 만이 '업무 관련성 있음'으로 확인되어 직업성 질환임을 인정받았다. 4건 중 3건은 벤젠 노출로 인한 백혈병 사례였는데, 이 직업병 질환자들은 석유화학 회사의 실험실 또는 자동차 부품공장 연구소에서 일하는 종사자들로 고농도의 벤젠이 함유된 시너 등을 다루었다. 발암성 물질인 벤젠 사용이 확실하고 종사자의 노출 수준도 증거로 남아 있기 때문에 직업병으로 인정받은 것이다.

이처럼 실험실 종사자가 암으로 진단 받은 경우 업무 관련성을 인정받기가 매우 어렵다. 앞에서 언급했듯이 노출되는 화학물질이 수시로 바뀌는 문제와 노출 수준을 증명할 수 있는 자료들이 부족하기 때문이다. 그러나 실험실 종사자는 벤젠을 포함하여 수많은 발암성 화학물질에 노출된다. 노출의 특성이 일반 제조업과는 다르다는 이유로 이들의 직업성 암에 대한 논의가 여전히 부족한 현실이다.

직업성 암과 함께 생식독성은 화학물질 노출에서 주요 관심사이다. 1996년 국내의 한 사업장에서 일하던 33명의 노동자들이 사용하던 유기용제에 중독되어 집단적인 생식장애가 발생한 사례가 있었다. '솔벤트 5200'이라는 제품이었는데, 주요 성분이 '2-브로모프로판'이라는 물질이었다. 이 사건으로 인해 세계에서 처음으로 2-브로모프로판이 생식독성이 있는 물질로 확인됐다. 고용노동부 고시, '화학물질 및 물리적 인자의 노출기준'에는 발암성, 생식세포 변이원성 및 생식독성에 대한 정보를 제공하고 있다. 노출 기준 고시에 생식독성으로 분류된 물질은 총 44종이다. 납 화합물, 2-브로모프로판, 2-에톡시에탄올, 디메틸포름아미드, 이황화탄소, 톨루엔, 노말헥산 등이 포함되는데, 사용량과 상관없이 화학 연구실에서 많이 사용하는 물질들이다.

근로기준법 생식보건 관련 규정에는 임신한 여성이 사용할 수 없는 직종을 따로 정하고 있다. 사용 금지 직송 가운데 '납, 수은, 크롬, 비소, 황린, 불소(불화수소산), 염소(산), 시안화수소(시안산), 2-브로모프로판, 아닐린, 수산화칼륨, 페놀, 에틸렌글리콜모노메틸에테르, 에틸렌글리콜모노에틸에테르, 에틸렌글리콜모노에틸에테르 아세테이트, 염화비닐, 벤젠 등 유해물질을 취급하는 업무'가 포함되어 있다.* 임신한 여성에 한해서는 직업적으로 사용하는 화학물질의 생식독성 영향으

---

* 　근로기준법 시행령 [별표 4] 임산부 등의 사용금지직종 중 9번 해당.

로부터 미리 예방하고 관리하기 위한 목적일 것이다. 실험실 종사자의 상당수는 여성이다. 대학의 연구실은 수많은 여성 학생들이 존재한다. 이들은 안전할까?

수많은 이공계 대학 실험실의 책임자는 누구일까?

앞에서 언급했듯이, 국내에는 약 8만여 개의 연구실이 존재하며 연구활동 종사자도 130만 명이 넘는다. 대부분 연구자가 처음 들어가는 곳이 대학원 실험실일 것이다. 저마다의 꿈을 갖고 연구에 매진하는 열정만큼이나 실험실의 작업 환경은 안전할까? 종종 실험실의 폭발이나 화재사고로 인명사고까지 가는 안타까운 소식들을 접한다.

수백 가지의 시약을 보관하는 시약장, 화학물질을 다루는 흄 후드, 안전한 가스 보관실 그리고 흰색 가운까지, 최소한의 안전이 지켜질 수 있는 실험실 환경은 그리 어려운 일이 아니다. 하지만 이 어렵지 않은 일이 잘 이루어지지 않는 것은 책임의 주체가 없기 때문이다. 대학의 교수들이 스스로를 학자로만 볼 것이 아니라, 학생의 안전을 책임져야 하는 사람으로 각성해야만 변화가 온다. 기업 실험실의 연구소장이 스스로 실험 노동자를 관리하는 책임이 있는 사업주라고 생각해야만 변화가 온다.

최근 실험실 안전 관련 법이 만들어지고 여러 관리 대책이 실행 중이다. 이 제도들이 실효성이 있으려면, 책임자가 등장해야 한다. 흰색 가운을 입은 실험실의 노동자가 건강을 해치는 일 없이 안전한 환경에서 연구에 매진하도록 관심을 갖는 사업주가 등장하는 것이 변화의 출발이다.

태움, 어느 나이팅게일의 죽음

한인임

영정사진 속 그녀의 눈망울이 처연했다. 스물아홉 살이다. 환자를 살리려 병원에서 일하다가 죽음을 선택한 고 서지윤 간호사의 영정사진을 바라보며 글을 시작한다. 나는 서울시가 위촉한 '서지윤 간호사 사망 진상대책위원'으로 활동하면서 그녀의 사망 원인을 찾아야 했다. "바보 같이 우울에 잡아먹혔어"라는 그녀의 유서 속 우울의 원인은 무엇이었을까.

보건복지부 중앙심리부검센터에서 발간한 「5개년(2013~2017) 서울시 자살사망 분석 결과보고서」에 따르면 청년기와 중년기 자살의 원인은 정신건강, 경제, 가족관계, 직업, 대인관계의 순으로 나타난다. 서 간호사는 경제적으로 안정되어 있었고 가족 간 문제가 없었으며, 연애문제는 더더구나 없었고 직업적으로도 본인이 너무 하고 싶었던 간호사가 됐으며, 향후에도 현장에서 환자를 직접 돌보는 '액팅 간호사'로 일하고 싶다고 사람들에게 말했다.

게다가 동료들과 환자들까지도 그녀의 열정을 인정했다.

심지어 너무 충실하고 꼼꼼해서 함께 일하기 힘든 점을 빼면 '엑설런트한 동료'라는 평가가 다수였다. 그녀는 일을 더 잘하고 싶어 대학원도 다녔다. 상급자들도 그녀에 대한 칭찬을 아끼지 않았다. 나는 미궁에 빠졌다. 우울에 빠질 아무런 이유가 없었기 때문이다.

50% '장롱면허', 한국 간호사의 노동 실태

2016년 기준 우리나라의 총 간호사 대비 의료기관 근무 간호사(활동 간호사) 수의 비율은 49.3%라는 보고*가 있다. 이는 OECD 평균이 68.2%인 것과 비교하면 심각하게 낮은 수준이다. 간호대학은 적당히 공부해서 갈 수 있는 곳이 아니다. 중·고등학교 시절 힘들게 공부해서 어렵게 딴 간호사 면허를 왜 장롱에 묵혀두고 있는 것일까. 그나마 활동하는 간호사는 수도권이나 대형병원에 집중되어 지방이나 중소병원에서는 간호사 인력난을 호소하고 있는 상황이다. 게다가 한 연구에 따르면 신규 간호사 1년 내 이직률이 33.9%, 평균 근무연수가 5.4년**에 그치는 등 숙련된 장기근속 인력이 부족한 것으로 나타난다. 이는 전문적이고 숙련된 간호 인력을 양성하는 데

---

*   "간호사가 떠난다… "지옥의 3교대, 못 버틴다"",《후생신문》, 2019년 12월 11일자.
** "보건복지부, 간호사 근무환경·처우 개선 방안 구체화",《의협신문》, 2018년 3월 20일자.

완전히 실패하고 있음을 보여주는 지표이다.

한 조사에 따르면, 간호사들이 이렇듯 자신의 소중한 성과를 포기하는 이유는 '열악한 근무환경과 노동 강도'가 1순위, '낮은 임금 수준', '직장 내 인간관계의 어려움'이 각 2, 3순위로 나타났다.* 여기에서 열악한 근무환경이란 교대노동과 야간노동으로 인한 육체적 힘듦과 결혼·출산·양육 등에서의 어려움, 잠시도 쉬기 힘든 근무 조건을 들 수 있다.

간호사들 사이에서는 '물은 안 먹고 밥은 마신다'는 말이 있다. 화장실 갈 시간도 없어 물은 안 먹고 시간에 쫓겨 밥은 마신다는 뜻이다. 이뿐이랴, 다음에서 설명하는 모든 내용은 간호사들이 병원을 떠날 수밖에 없는 상황을 드러내고 있다.

OECD 국가 중 환자수 최고

간호 인력의 반은 노동시장으로 나오지 않고, 지역병원과 중소병원에서는 인력난으로 아우성을 치고, 규모 있는 대형병원에서는 간호사를 충분히 고용하지 않는다. 때문에 현장 간호사들은 비명을 지르고 있다. 그래서 잠시라도 쉬기 위해서는 사직을 해야 하는 현실이 대한민국 병원과 간호사의 초상이다. 이 때문에 주요국가 중에서 대한민국의 간호사들은 가장

---

* "간호사 10명 중 8명 "열악한 근무조건…이직하고 싶다"", 《MBC 뉴스》, 2019년 5월 13일자.

많은 환자를 돌보는 기염을 토하고 있는 것이다.

한 기사에 따르면*에 따르면 미국 캘리포니아 주의 경우 중환자실 간호사 1명당 2명 이하의 환자를 담당하도록 법으로 규정한다. 영국은 인공호흡기 적용 환자는 간호사 1명이 환자 1명을 담당하고, 체외막산소화장치ECMO 적용 환자는 간호사 2명이 환자 1명을 담당하도록 하고 있다. 반면 우리나라 병원의 중환자실은 간호사 1명이 환자 3~4명을, 많게는 5명을 맡는다. 법적으로는 1일 입원 환자 5명당 간호사 2명으로 규정하지만 이조차도 지켜지지 않으며 중환자실이나 응급실 등 병동 특성도 반영되지 않는 것이 현실이다.

장시간 노동에 야간근무까지

간호사들의 노동시간을 조사한 2016년 자료에 따르면 주당 48시간 이하로 일하는 비중은 채 50%가 안 되는 것으로 나타났다.** 절반은 48시간 이상 일하고 있는 것으로 나타나며 특히 17%는 52시간 이상 일하고 있어 장시간 노동으로 인한 건강장애, 즉 정신 질환이나 뇌심혈관계 질환 위험성을 안고 있다. 특히 9%는 주당 60시간 이상 일하는 것으로 나타났다. 이는 산업재해 인정 기준 시간을 훌쩍 넘어선 것이다.

---

*   "서울아산병원 간호사가 숨진 지 반 년이 지났다", 《시사in》 571호, 2018년 8월 27일자.
** 일자리기획단, 「간호인력 근무여건 분석 및 개선방안 연구」, 2018.

이런 장시간 노동이 발생하는 데는 여러 이유가 있다. 아예 12시간 맞교대 방식으로 운영을 하거나 3교대 업무를 하는 과정에서 인수인계하기 위해 미리 나오고 늦게 퇴근하는 경우, 갑자기 상황이 발생해 출근하지 못한 인력을 대체하기 위해 대근을 하는 경우, 병원에서 진행하는 행사나 봉사활동 등을 업무시간 중에 하지 못하고 추가시간에 하는 경우 등이다. 서지윤 간호사가 일했던 병동에서도 52시간 이상 일한다는 응답자가 19%나 됐다.* 대규모 사업장은 52시간 이상 일할 수 없다고 근로기준법에서는 이야기하고 있지만 또 다른 조항에서는 '보건업종' 노동자의 경우 장시간 일할 수 있도록 특별한 예외조항을 달아놨기 때문에 이러한 노동이 가능하다.

그럼 야간근무는 어떠한가. 병원에 입원실이 있는 경우 간호사들은 야간노동을 할 수밖에 없다. 야간노동을 포함한 교대근무는 이미 세계보건기구 산하 국제암연구소에서 '2급 발암물질'로 규정한 부적절한 노동이다. 또한 일상성을 훼손해 삶의 질을 떨어뜨리는 노동 방식이다. 그래서 야간노동을 지속한 사람이 그렇지 않은 사람보다 훨씬 빨리 사망하는 것으로 알려져 있다. 각종 질병에 취약해지기 때문이다. 그러나 입원해 있는 환자를 위해서는 없앨 수 없는 노동이다. 그렇다면 야간노동에 쏟는 개인 시간을 줄여야 한다. 그런데 '야간 전담

---

* 서울의료원 간호사 사망사건 관련 진상대책위원회, 「서울의료원 간호사 사망사건 관련 진상대책위원회 조사 보고서」, 2019.

간호사제'가 도입되면서 야간근무만 하는 간호사들이 생겨났고 서지윤 간호사의 경우 주변 간호사들보다 더 오랜 기간 야간 전담을 했던 것으로 나타났다.*

Big 5 병원의 실태

서지윤 간호사가 사망하기 약 1년 전 국내 초대형 병원에서 또 한 명의 간호사가 사망했다. 박선욱 간호사이다. 학교 졸업 후 첫 직장에 입사한 지 6개월 만에 극단적 선택을 한 것이다. 유족은 산업재해 신청을 했고 이는 업무상 질병으로 승인됐다. 판결문에서는 '1. 고인 업무에 대한 상사의 교육이 미흡했던 점 2. 고인은 과도한 업무스트레스에 시달렸던 점 3. 인력 부족으로 인해 상당한 초과근무를 했던 점(피로누적) 4. 의료사고 발생으로 인해 정신적 중압감을 이기지 못한 점'을 지적하며 업무 관련성을 인정했다.

현재 우리나라 간호대학에서 충분한 임상 경험을 쌓기는 어렵다. 따라서 처음 병원에서 일하는 간호사들은 프리셉터(선배 훈육 간호사)에게 8~12주의 훈련과정을 밟는다. 이 과정이 끝나면 독립하게 되는데 고인의 경우 입사 후 약 3개월간의 교육을 제대로 못 받은 것이 화근이었다. 프리셉터 간호

---

* 서울의료원 간호사 사망사건 관련 진상대책위원회, 「서울의료원 간호사 사망사건 관련 진상대책위원회 조사 보고서」, 2019.

사는 고인이 충분히 숙지할 수 있는 수준으로 교육을 진행하지 못했다. 고인은 다른 사람들보다 2주 정도 더 훈련을 받았는데 그 이유는 중환자실에 배치되었기 때문이다.

경력이 있는 것도 아닌 갓 학교를 졸업한 신규 간호사에게 중환자를 돌보게 했다는 것 자체가 국내 최고, 최대 병원에서 있을 수 있는 일인지 의아하다. 응급환자와 중환자는 가장 어려운 대상이기 때문이다. 고인은 제대로 훈련받지 못한 상태에서 독립을 하면서 불안이 극에 달했다. 이 불안은 결국 의료사고로 이어졌는데 환자의 체위를 변경하는 과정에서 배액관을 끊어뜨리는 실수를 한 것이다. 의료사고에 대한 소송이 발생하면 그 결과에 따라 직장을 잃는 것뿐만 아니라 면허도 상실할 수 있다.

의료사고가 발생하기 전 박선욱 간호사는 임상 경험 부족에 대한 고민으로 퇴근 후 도서관에서 상당한 시간을 보냈다고 한다. 그러나 임상 경험은 교과서에서 확보할 수 있는 게 아니다. 이 과정에서 제대로 먹지도 자지도 못해 '말라비틀어져가는' 형국이었다고 한다. 서서히 죽어가고 있었던 것이다. 독립한 고인이 담당했던 중환자는 3명이었다.

'태움'이라는 이상한 문화

박선욱 간호사 사망 원인을 프리셉터에게 두는 의견도 있다. 그런데 프리셉터 경험이 있는 간호사들은 이렇게 말한다. '우리도 죽을 거 같다'고. 경력 4~5년차가 되면 프리셉터를 하게 되는데 이걸 좋아하는 간호사는 없다. 왜냐하면 업무가 추가되기 때문이다. 가르치는 일이 생기면 담당 환자수라도 줄여줘야 하는 것이 상식이나 그렇지 않은 것이 현실이다. 서지윤 간호사는 프리셉터로서의 역할도 했지만 감염환자 간호교육까지 맡으면서 큰 업무 부하를 느꼈다. 내가 맡은 환자의 상태를 체크하는 것이 가장 중요한 일인데, 본인이 책임져야 하는 추가 일거리가 밀려들면 짜증나고 화나고 불안한 것은 당연한 일이다.

이런 상황에서 자꾸 실수하는 신규 간호사를 가르치고, 실수한 거 마무리해주고 하다 보면 심한 압박감이 들 수밖에 없다. 밥도 못 먹고 화장실도 제대로 갈 수 없는 상태가 되면 신규 간호사에게 제대로 된 교육을 못해주는 것은 물론이거니와 사람이 미워지기 시작할 것이다. '태움'이 발생하는 메커니즘이다. 교육훈련 전문 간호사를 두면 아무런 문제가 없을 텐데 병원은 이걸 안 한다.

문제는 이뿐만이 아니다. 일부 중·장년층 간부 간호사들은 소위 태움 문화에 너무 익숙하게 길들여져 후배들에게 반말을 하는 것은 기본이고 심지어 욕을 하는 것을 아무렇지 않게 생각하며 심지어 폭력을 휘두르기도 한다. 의사는 간호사에게 개인 심부름을 시키는 것은 물론, 심지어 처방 내는 것을 시키기도 한다. 전자는 인권 침해이고 후자는 불법이다. 그런데 문제가 불거지면 책임은 간호사가 지게 된다. 내가 만나본 집단

중 병원의 조직문화가 가장 수직적이고 보수적이라고 할 수 있는데, 이는 생명을 다룬다는 위급성을 과도하게 해석하면서 전근대성을 굳건히 지키고 있기 때문인 듯하다.

性적이고 聖적인

아주 드물게 남성 간호사가 보이기는 하지만 여전히 절대적으로 여성 간호사가 많다. 간호 업무는 전통적으로 여성만이 수행하는 업무처럼 여겨져 왔다. 이처럼 여성이 많은 집단의 경우 여성 자체가 성적 대상이 되는 상황이 존재한다. 간호사, 교사, 상담사, 치어리더 등의 경우가 떠오른다. 최근 근로기준법이 개정되어 '직장 내 괴롭힘 금지' 조항이 만들어졌다. 이 법 개정 과정에서 혁혁한 공을 세운 조직의 이름이 '직장 갑질 119'이다.

시작은 성심병원 간호사들의 오픈채팅방이었다. 이 병원이 속한 재단에서는 매년 10월쯤 장기자랑대회를 여는데 간호사들은 원하지 않아도 선정적인 옷을 입고 춤을 춰야 했다. 이들은 3교대 근무 속에서도 춤 연습을 강요받았고 선배 간호사들은 경쟁적으로 후배들을 괴롭혔다. 상금을 타기 위함이라고 했지만 결국 최고의 의사결정 집단(주로 남성으로 구성된 원장 및 교수)에게 성을 바치는 것 이상도 이하도 아니었던 것이다.

그런데 이 병원만의 문제가 아니었다. 이미 많은 대형병원에서 이런 행사를 하고 있었고 사건이 사회적으로 물의를 일으킨 이후 차례로 행사를 없애기 시작했다. 오래된 관습이었던 것이다. 누가 간호사를 성적 대상으로 삼는가? 병원의 최고 경영진, 심지어 같은 여성 관리자들로부터 시작되어 사회 전체가 이런 이미지를 저장하고 복사해서 내보내고 있다. 성인물에 간호사 복장을 한 모델이나 배우가 나오는 이유는, 심지어 유명 뮤직비디오에서도 그러한 장면이 나오는 이유는, 간호사라는 직업을 성적 대상화하기 때문이다. 그러면서 또 한편으로는 전통적으로 간호사에게 숭고한 백의의 천사 이미지를 덧씌운다. 나이팅게일 선서에는 환자를 위해 숭고하게 살겠다는 다짐도 들어가 있으니 분명히 성뽃스러운 이미지다. 왜 이런 이중 잣대가 간호사들에게 씌워지는 것일까? 여성에 대해 복종과 성적 대상화 모두를 요구하는 비정상 사회의 내면화된 차별 때문이다.

정말로 환자를 생각한다면

간호사들은 신규 간호사였을 때 한두 번 이상, 아니 일정한 근속이 지난 후에도 '사고를 쳐본' 경험이 있다고 이야기한다. 석션*을 하다가 실수해 환자 목에 구멍을 낸다거나 주사제 용량을 과다 주사하거나 주사제가 바뀌는 경우 등… 이미 많은

---

* 환자의 가래, 피고름 등을 의료기구를 써서 빨아내는 행위.

연구에서 간호사의 수면 부족이 환자 안전에 심각한 영향을 줄 수 있음이 드러나 있고, 간호사의 낮은 인력 수준은 중환자실 환자 사망률, 수술 환자의 병원 내 사망, 패혈증, 요로감염, 입원 기간 증가, 환자 만족도와 관련이 있는 것으로 나타난다.*

　의료가 돈벌이 대상으로 추락하지 않아야만 환자의 안전이 가능하다. 바쁜 간호사는 환자의 요구에 제대로 응대하지 못할 것이다. 따뜻한 말 한마디할 정신적 여력이 없으면 라포**가 형성되기 어려울 것이다. 밥을 '마시는' 상황에서 보호자에게 환자 상태를 자세히 설명할 수 없을 것이다. 이러면 슬슬 불만이 나타나기 시작한다. 환자와 보호자는 악인으로 돌변한다. 사소한 일에도 '컴플레인'이 발생할 수밖에 없다. 환자를 오래 기다리게 한다면 역시 불만이 터져나올 것이다. 그 결과 감정노동이 발생하는 것이다. 간호사에게 감정노동을 안겨주는 절대 다수의 환자와 보호자는 사실상 의료시스템 자체에 문제제기를 하는 것이다. 이는 악순환된다.

아직 생존해 있는 20만 간호사를 위해

서지윤, 박선욱 간호사가 독특한 사람들이어서 사망에 이른

---

* 　일자리기획단, 「간호인력 근무여건 분석 및 개선방안 연구」, 2018.
** 　라포는 상담이나 교육을 위한 전제로써 신뢰와 친근감으로 이루어진 인간관계를 말한다.

것이 아니다. 현재 수많은 간호사들이 이러한 악조건의 환경에 노출되어 있으며, 이들은 아직 생존해 있을 뿐이다. 우리나라에서 매년 1만 명이 자살을 하는데 이중 직업을 가지고 있는 사람은 약 5천 명에 이른다. 전문직 종사자는 약 650명이다. 이들의 사망 원인에 업무 관련성이 단 1%도 없을까?

서지윤 간호사는 우울 상태에 빠져 있던 중 '액팅'이 아닌 낯선 행정부서로 배치됐다. 그런데 더 이상한 것은 행정업무를 해야 하는 사람이 여러 환자를 동시에 시술·수술해야 하는 당일병동으로 수시 파견됐다. 당일병동은 다양한 진료과의 환자들이 오기 때문에 숙련도가 높은 주임간호사급이 배치돼야 하는 고난도 업무이다. 여기에서 절망했을 것이다. 많은 관리자들이 하는 실수 중 큰 것이 일 잘하는 사람에게 더 많은 일을 주는 것이다. 가장 수월하게 문제를 풀 수 있는 방법이기 때문이다. 그러나 저항력 없는 하급자들을 벼랑으로 몰고 있다는 생각을 미처 하지 못한다.

대한민국 국민이 건강해지려면 20만 명 간호사의 삶이 보장돼야 한다. 적정한 노동시간, 밥도 먹고 화장실도 갈 수 있는 휴게시간의 확보, 상급자와 환자·보호자로부터 괴롭힘 없는 일터의 보장 말이다. 친절이 아니라 실력을 보여줄 수 있도록 조직이 바뀌어야 한다. 환자나 보호자 누구도 하얀 유니폼을 입고 해맑게 웃는 간호사의 웃음 뒤 이런 어려움이 있었을 줄 몰랐을 것이다. 나 또한 그러했으니까.

프랜차이즈 빵집, 노동권 사각지대

임영국

국내 1위의 제과제빵 프랜차이즈를 운영하는 파리바게뜨에서 노조(화섬식품노조 파리바게뜨지회)가 만들어진 건 2017년 8월이었다. 불법파견으로 인력을 운영해왔고, 연장근로시간을 전산 조작해서 체불임금이 110억 원이나 된다는 고용노동부의 근로감독 결과도 그해 9월에 발표됐다. 그러던 9월 어느 날 국회에서 토론회가 열렸다. 임종린 지회장도 토론자로 초청된 "파리바게뜨 제빵기사 직접고용 어떻게 할 것인가"라는 제목의 긴급토론회였다.

임 지회장은 토론회 참석도 처음인데, 더군다나 토론자로 나오라 하니 부담 백배일 수밖에 없었다. 그렇다고 파리바게뜨 문제인데 지회장이 나가지 않을 수도 없었다. 토론회가 시작될 때까지도 무슨 말을 해야 하나 고민에 고민을 거듭하다가 떠올린 생각이 제보를 받는 것이었다.

상처투성이 청년 노동자들

조합원들과 제조기사들*에게 매장에서 일하면서 겪은 부당사례들을 제보해달라고 단톡방에 올렸는데, 2시간 만에 3백 통이 넘는 제보가 쏟아졌다. 제조기사들 대부분이 20, 30대의 청년 노동자들이었는데, 인권 침해를 비롯해 산재 처리 못하고 일한 사례들이 수두룩하게 올라왔다.

> "팔에 기름이 쏟아져 다쳤음. 협력사에선 산재 하면 기사 본인이 곤란해지는 거라며 치료비만 준다 함. 교육기사는 출근은 어찌되는 거냐며 산재 처리 막음. 상처가 너무 심해 성형외과 치료 받음. 다쳤음에도 인력이 없어서 이틀밖에 쉬지 못함."

> "프라잉기에 실수로 손을 담가서 전치 1주일 정도의 부상을 입었는데 산재 처리 못 받고 제 보험으로 처리했던거요."

> "제가 입사한 지 1년 안 돼서 손에 화상을 입었었는데 처음엔 별거 아닌 줄 알았다가 일반병원 가서 심각하단 얘길 듣고 화상병원을 찾아서 갔었어요. 손가락 화

---

* 파리바게뜨 제조기사는 제빵기사와 카페기사로 나뉘는데, 카페기사는 매장에서 음료나 샌드위치 등을 담당하는 기사를 말한다.

상은 잘못 치료하면 굽어서 나으니까요. 손에 붕대를 감아서 일단 쉬어야 하니까 진단서를 팩스로 보냈더니 그러면 안 된다면서 굳이 회사에 와서 내라고 하더라고요. 붕대 감은 손을 밑으로 내리면 피가 쏠려 더 아프다고 항상 왼손을 들고 있었는데 그 상태로 혼자 운전하고 야탑까지 갔었네요. 심재성2도 진단을 받았고 통원치료로 차도가 없어서 입원 권유를 받고 입원을 했었어요. (…) 아무리 제 실수라지만 손 다친 것도 짜증 났는데 비엠씨가 자꾸 치료는 언제쯤 끝나냐 언제쯤 출근할 수 있냐 이런 연락이 오니까 스트레스도 많이 받았고요. (…) 산재는 안 된다며, 저는 잘 모르니까 결국 아빠랑 통화하시곤 병원에 와서 병원비 결제해주고 경위서를 가져왔었어요. 퇴원하고도 통원치료는 계속했고요. 다 공상으로 처리했어요."

그런데 정의당 이정미 의원실의 요구로 공개된 파리바게뜨 협력사 산재발생현황에 대한 근로복지공단 자료(2017년)에 의하면 2014년부터 2017년 10월까지 파리바게뜨 협력업체 11곳 통틀어서 산재 신청 건수는 총 18건(사고 13건, 질병 5건)이었고, 승인 14건(사고 13건, 질병 1건)이었다. 한해 평균 4.5건의 산재 신청이 있었고, 그중 3.5건이 승인됐다는 이야기다. 파리바게뜨 전국 3,500여 개 매장에서 제빵·카페 기사로 일하는 노동자들이 5,400여 명이나 되는데 산재 건수가 이 정도 밖에 안 된다면 이 얼마나 안전한 일터란 말인가? 더구나 협력업체 11곳 중 5곳은 그 기간 동안 산재 신청이 하나도 없었는데, 업체당 평균 종사자가 600명이나 되는 업체에서 3년 10개월 동안 산재 발생이 제로라면 상을 받아도 큰 상을 받았어야 하지 않았을까? 과연 그런가?

그날 토론회 때 쏟아졌던 제보만으로도 족히 수십 명은 산재 처리되었어야 할 사례들이었지만, 이들 모두 산재 신청도 하지 못했다. 불법파견 중단과 직접고용을 촉구하는 투쟁 과정에서 내가 만난 청년 노동자들 중에 팔뚝에 문신처럼 생긴 화상 자국이 없는 사람을 찾기가 힘들었다.

양재동 본사 앞 천막농성장에서 만났던 20대 후반의 앳된 청년 수호는 하지정맥류 약으로 힘든 노동을 버티고 있다고 했다. 점심 먹을 시간도 제대로 없이 하루 종일 서서 일해온 탓이다. 이처럼 일하다 다친 사람은 부지기수였지만, 회사는 그 청년 노동자들 대부분의 산재 신청을 막아온 것이다.

일하다 다쳐도 산재 신청은 언감생심

파리바게뜨지회는 노조 만들고 나서 바로 노동 실태 조사부터 실시했다. 전국 매장에서 일하는 제빵·카페 노동자들을 대상으로 휴일·휴무·휴가, 복리후생, 노동안전보건 등에 대한 설문조사*를 실시한 것이다. 그 결과 응답자의 91.3%가 근무 중에 다친 적이 있다고 답했다. 이는 근로복지공단의 산재발생현황 자료가 실제 현실을 전혀 반영하지 못하고 있음을 짐작케 하는 대목이다. 가장 많이 당하는 업무상 부상은 화상(25.2%)이었다. 그다음으로는 칼이나 용기에 의한 자상(21.1%)이었고, 어깨나 팔, 허리 등 근골격계 질환(17.1%), 스트레스성 질환(15.8%) 등이 그 뒤를 이었다. 그 외에 하지정맥 등 혈관 질환(8.8%)이나 방광염 등 생식기 질환(6.2%)을 호소하는 경우도 있었다.

일하다 다쳤을 때 처리는 어떻게 했는지도 조사했는데, 산재 처리했다고 응답한 비율은 7.3%에 불과했다. 주로 개인 보험이나 개인 비용으로 처리했다는 응답이 62.2%였고, 협력업체나 매장 점주 비용으로 공상 처리한 경우가 19.3%였다. 결국 이들 프랜차이즈 청년 노동자 10명 중 8명은 일하다 다쳐도 산재 처리도 제대로 하지 못했다는 이야기다.

인권 침해 문제도 심각했다. 점포 안쪽에서 제빵기사가 빵을 굽는 업무 공간까지 CCTV가 비추고 있었으며, 일상적인 폭언과 욕설 등도 빈번했다. "빵이 뚱뚱하면 ○○기사처럼 된다"는 소리를 듣거나, 탈의실 공간이 없어서 "냉장고 문 열어 놓고 옷 갈아 입는" 반인권적 근무 조건에 대한 불만들이 쌓여 있었다.

---

*   조사 기간은 2017년 9월부터 약 한 달간이었고 응답자 수는 391명이었다.

또한 근무하던 임산부의 고통을 방치하다가 유산하는 사건도 있었다. 인천 지역 어느 매장에 근무하던 임산부가 갑자기 몸에 신호가 와서 병원에 가야 한다고 회사에 전화를 했는데, 전화를 받은 관리자는 '대체할 인력이 없으니 기다려달라'고만 하고 임산부에 대한 아무런 조치도 취하지 않았다. 그 임산부는 3시간이 넘게 하혈하면서까지 고통을 호소하며 대기하다가 결국은 유산하고 말았다. 당시 언론들이 이 사건을 대대적으로 보도하자 회사는 급기야 임원을 직접 내려 보내 그 임산부한테 공식 사과를 했다.

더 큰 문제는 인권 침해를 당했을 때 회사의 책임 있는 조치가 전혀 없다는 점이다. 인권 침해를 당했을 때 본사나 협력업체의 대응이 어떠했는지를 물었더니, 가해자에게 시정을 요구하고 조치를 취했다는 답은 3.7%에 불과했다. 이야기만 듣고 아무런 조치를 취하지 않았다가 52.3%였다. 또한 인권 침해 당했을 때 누구에게 보고하고 상담하는지를 묻는 질문에는 본사 관리자(5.4%)에게 하거나 협력업체 관리자(16.5%) 및 매장 점주(0.9%)에게 한다는 응답은 모두 합해서 22.8%에 불과했다. 제조기사 10명 중에 6~7명은 동료기사(37.1%)에게 이야기하거나 혼자만 알고 참았다(31.1%)고 답했다. 말하자면 프랜차이즈 본사나 협력업체 및 매장 점주는 이들 청년 노동자들의 인권을 보호해줄 수 있을 것이라는 신뢰를 받지 못하고 있고, 실제로도 책임 있는 조치를 취하지 않았음이 확인되고 있었다.

프랜차이즈 기업, 노동권 사각지대

그런데 왜 이렇게 프랜차이즈 노동자들은 노동 인권과 위험으로부터 보호가 방기되는 것일까? 이는 노동권에 대한 책임 단위가 불분명한 인력 운영 구조에서 그 근본 원인을 찾아야 하지 않을까 싶다. 즉, 이익은 취하면서 책임과 위험은 회피하는 불법 파견 인력 운영 구조 때문이라는 이야기다. 고용노동부의 파리바게뜨 불법파견 근로감독 결과가 발표됐을 때 일부 언론들은 "직접 고용하면 인건비 증가로 회사 문 닫아야", "법의 폭력" 등을 거론하며 과장된 비판을 쏟아냈다. 마치 그 불법을 저지른 가해자가 불법파견의 최대 피해자인 양 착각하게 할 정도였다. 정작 불법파견으로 차별과 위험, 인권 침해에 내몰려 가장 큰 어려움을 겪었던 청년 노동자들에 대해선 침묵했다.

파리바게뜨 프랜차이즈의 인력운영 관계는 '가맹본부-가맹점주-협력업체-노동자'의 4자 관계로 형성되어 있었다. 이 4자간에 형성되는 각각의 관계를 정리하면, 첫째 파리바게뜨 본사와 가맹점주 간에는 가맹계약을 체결한다. 이때 일정 금액의 개점비와 기획관리비 및 이행보증금 등을 지급하고 가맹점을 개설한다. 그리고 본사로부터 공급받는 물품 대금을 가맹점이 지급하는 관계다.

둘째, 파리바게뜨 본사와 협력업체 간에는 업무협정을 체결하는데, 그 내용은 '제조기사 공급을 통한 가맹점에서 원만한 제품생산 활동'과 '제조기사 양성 및 훈련, 제품 품질 유지

등을 위한 정보제공' 등이다. 이런 관계 속에서 본사는 협력업체에게 일정 금액의 경영지원금을 지원해왔다.

셋째, 협력업체와 가맹점주 간에는 도급계약을 체결하는데, 협력업체가 제조기사를 공급하고 그 댓가로 용역비를 지급받는 관계였다.

넷째, 협력업체와 제조기사 간에는 근로계약 당사자 관계이다. 협력업체는 제조기사를 고용하여 각 가맹점에 보내 근로를 제공하게 했다. 여기서 문제는 업무에 대한 실제 지휘·명령을 제3자인 파리바게뜨 본사가 했다는 점이다. 이는 SPC 회장이 가맹점포 순회 시 '쇼케이스 생크림 케익이 없다'는 한 마디에 출근이 1시간 앞당겨졌던 사건을 포함해 많은 사례와 자료를 통해서도 확인됐다.*

결국 프랜차이즈 노동자들을 고용한 건 불법 인력업을 했던 협력업체였고, 일은 매장에 가서 하는데 업무 지시는 파리바게뜨 본사가 했다. 이러한 운영 구조가 노동자들의 노동권과 건강권 등에 대한 책임 소재를 서로 떠넘기는 구조로 만들어버린 것이다. 게다가 비용 위주로만 인력을 운영해오다 보니 제조기사들의 휴식권 보장은 엄두도 못낼 상황이었다. 가맹계약상 1년 365일 매장 영업을 하게 되어 있었고, 제조기사들은 실제로 한 달에 3~4번 밖에 쉬지 못하는 실정이었다. 심

---

* 노광표·이명규·이종수·임영국·박용철, 「노조 조직화 사례 연구」, 한국노동사회연구소, 2019.

지어 점심도 제대로 챙겨먹지 못할 정도로 빠듯하게 돌아가는 인력 운영 구조가 청년 노동자들의 노동인권과 건강권을 무방비 상태로 내몰고 있었던 것이다.

그래도 노조가 있어서 다행!

파리바게뜨의 불법파견 논란은 결국 자회사 직고용으로 합의됐다.* 기존의 불법 협력업체를 배제하고 본사 책임성을 높이는 수준에서 자회사로 타협하고 임금 등을 본사 수준에 맞춰주기로 합의했다. 자회사 전환 1년이 지난 2018년 11월, 무엇이 변했는지를 주제로 다시 토론회가 열렸다. 과연 청년 노동자 안전보건과 노동인권 등은 얼마나 개선됐을까?

토론회에서 발표된 자회사 전환 1년 후의 실태조사 결과에 의하면, 다소 개선이 되고 있다고는 하지만 여전히 휴게공간이나 탈의시설이 제대로 갖춰져 있지 않았으며, 소음과 고열, 분진, 습기 등 작업환경과 안전보건상의 개선 과제가 지적됐다. 1년 업무 중 사고나 질병으로 병원이나 약국에서 치료받은 경험률은 무려 40%로 나타나 우리나라 평균 업무상 사고율 2%와 엄청난 차이를 보였다. 90% 이상이 하루에 2시간 이상 목, 어깨, 팔꿈치, 손목 또는 손을 사용하여 같은 동작

---

* 직접고용 요구에서 자회사로 타결된 배경에는 관리자 주도의 복수노조 등장으로 노노갈등 등이 우려되었기 때문이라고 전해지고 있음.

을 반복하는 근골격계 부담 작업에 노출되어 있었다. 지난 1년 동안 몸이 아픈데도 나와서 일을 한 경험을 나타내는 프리젠티즘 비율도 무려 80.7%로 나타났는데, 이는 2011년 조사한 우리나라 노동자들의 프리젠티즘 23.1%에 4배 가까운 수치였다. 고객이나 점주로부터의 폭언이나 괴롭힘도 심심찮게 겪고 있는 것으로 나타났으며, 태아검진이나 육아휴직 등의 사용 비율도 현저히 낮게 나타나 모성보호 측면에서도 여전히 개선해야 할 과제들이 많았다.*

그럼에도 불구하고 노조가 있어서 다행이다 싶고, 또 희망도 보인다. 이정미 의원실이 요구한 자료인 '피비파트너즈 산재 신청 승인 현황'(2019년)에 대한 근로복지공단 자료에 의하면 자회사인 피비파트너즈의 2018년 산재 신청 건수는 72건이었으며 승인이 71건으로 나타났다. 이는 앞에서 소개한 노조 설립 전의 산재 신청과 승인 건수와 비교하면 급격한 증가였다. 이런 급격한 변화의 이면에는 청년 노동자들의 안전보건을 책임지려는 파리바게뜨지회의 꾸준한 노조활동이 있었다. 산재 신청 대부분은 파리바게뜨지회를 통해서 이루어졌기 때문이다.

또한 지회는 모성보호를 위해 임산부 버튼을 제작하여 전국 매장의 조합원들에게 배포했다. 20~30대 청년 여성노동자

---

* 한인임, 「파리바게뜨 자회사 1년, 무엇이 변했나?」, 이정미 의원실 주최 국회토론회 자료, 2018.

들이 대다수를 이루고 있는 파리바게뜨 제조기사들은 임산부라는 사실을 밝히지 못한 채 근무하는 경우가 허다했다. 심지어 관리자 중 다수가 남성인데다가 젠더의식이 많이 떨어지다 보니 곳곳에서 소위 브라더문화의 폐해를 접하는 경우가 많은 상황이었다. 당시 31세의 A씨는 그해에 두 번의 유산을 경험했는데, 처음 임신했을 때는 "야, 지금 사람도 없는데, 지금은 아니지"라는 황당한 소릴 들었다. 두 번째 임신했을 때는 "올해 말까지만 하자, 내년에 빼줄게"라는 말을 들을 정도로 소모품 취급을 당했다. 이런 심각한 현장에서 임산부를 보호하고 노동인권을 지켜내기 위해 지회는 전국의 매장 곳곳을 누비며 버튼을 나눠주고 노동권리 수첩을 만들어 함께 배포했다. 그 결과 회사로부터 임산부에 대한 단축근무를 포함한 임산부 보호에 대한 공식 조치들을 끌어내기도 했다. 나아가 지회의 이러한 활동은 그들이 소속된 화섬식품노조 차원에서도 젠더의식을 한층 높이는 계기로 작용하여 화섬식품노조에 성평등위원회를 설치하기에 이르렀다.

프랜차이즈 업계의 인력운영 구조는 업체마다 크게 다르지 않은 것으로 알려져 있다. 파리바게뜨가 불법파견 인력운영을 시정하여 자회사 형태로 바뀌었다하더라도 본질적으로는 노동인권에 대한 책임 단위는 여전히 충분치 않은 구조로 남아 있다. '가맹본사-가맹점-자회사(또는 협력업체)-노동자' 구조는 동종업계 다른 프랜차이즈에서도 마찬가지다. 그만큼 안전보건이나 노동인권 문제가 사각지대로 방치될 가능성이 높은 곳이 프랜차이즈업계란 이야기다. 따라서 보다 근본적인 문제 해결을 위한 '가맹본사-노동자-가맹점주-시민사회 전문가'로 이루어지는 대화 시스템과 프로세스가 고민돼야 할 시점이 아닐까? 빵보다 노동권을 위해서!

"아빠, 나 콜 수 못 채웠어"

한인임

1970년대 여공들이 일하는 모습을 찍은 사진과 2020년 현재 콜센터 여성노동자들의 근무 모습을 찍은 사진을 비교해서 본 적이 있다. 두 사진이 담긴 시간에는 50년의 격차가 있다. 그러니 당연히 변화가 보인다. 우선 여공 사진은 흑백이고 콜센터 사진은 컬러인 것이 가장 눈에 띄는 차이다. 제조업과 서비스업의 차이도 눈에 띈다. 그런데 여러 표면적인 차이에도 불구하고 내 눈에는 둘의 차이가 없는 것처럼 여겨졌다. 그 이유는 두 가지 업무에서의 노동환경이 50년의 차이에도 불구하고 별반 다르지 않다는 것을 알기 때문이었다.

'익면성匿面性'의 노동이 가진 특성

신종직업군에 속해 그런지 콜센터 노동자의 수는 지난 20여 년간 급격히 늘어나 현재는 약 50만 명에 육박하는 것으로 알려져 있다. 콜센터가 증가하는 데는 몇 가지 이유가 있다. 하나는 그동안 각 기업이 필요에 의해 사내에 두고 있던 상담역을 외부화했기 때문이다. 또 하나는 기업이 콜센터를 마케팅 수단으로 활용하면서부터이다. 소위 아웃바운딩이다. 확보된, 또는 무작위의 개인 고객들에게 전화를 걸어 상품이나 서비스를 구매하도록 요청하는 것이다. 반면 인바운딩은 걸려오는 전화를 받는 방식이다. 세 번째는 소비자의 서비스 개선 요구가 크게 증가하여 이에 부합하기 위한 기업의 선택이기도 했다.

    인간의 의사소통은 여러 가지 방식으로 이루어진다. 그중 말이 가장 효과적이고 구체적이다. 그러나 표정, 몸짓, 자세 등도 의사소통을 하는 데 매우 중요한 도구이다. 입을 삐죽거리는 것만 봐도 부정적 이미지가 느껴진다. 하품을 하는 것만 봐도 관심이 없고, 집중하지 못한다는 느낌을 받는다. 눈이 커지면 화가 났거나 놀라고 있다는 걸 눈치 챌 수 있다. 그런데 콜센터 노동자들은 오로지 고객의 목소리만 들어야 한다. 그런 상태에서 의사소통을 해야 한다. 잘 될까? 전화로 한 시간 수다를 떤 사람이 마지막 멘트로 '그래 자세한 건 만나서 이야기하자'고 하는 것은 대면 대화의 중요성을 보여주는 예다. 하루 종일 목소리만으로 고객의 생각을 읽고 집중하면서 말하다 보면 노동자는 그야말로 번아웃 상태에 이르게 된다. 이는 번아웃 증후군으로 이어지고 결국 정신적, 육체적 건강 훼손을 경험하게 된다.

    이들의 익면성匿面性은 또 하나의 고충을 준다. 우리말에

'웃는 얼굴에 침 못 뱉는다'는 속담이 있다. 그런데 콜센터 노동자들은 얼굴이 없다. 뭔가를 항의하려고 전화를 건 고객의 입장에서 상대의 얼굴을 모르고 목소리만 들린다면 얼굴을 맞대고 이야기할 때보다 더 격한 불만을 표현할 가능성이 있지 않을까.

"아빠, 나 콜 수 못 채웠어"
지난 2017년 1월 LG유플러스의 하청 기업인 콜센터에서 현장 실습을 하던 고등학교 3학년 학생이 저수지에 투신자살하는 사건이 발생했다. 하루 8시간 근무를 넘기는 날이 대다수였고 할당된 콜 수를 채우지 못하면 퇴근조차 못했다고 한다. 목표를 못 채우는 경우 욕설도 들었던 것으로 드러났다. 학생이 아버지에게 마지막으로 보낸 문자 메시지가 가슴을 먹먹하게 한다. 더 황당한 것은 이 학생이 맡은 업무가 '해지 방어 업무'였다는 것이다. 근로기준법에 따르면 현장실습생은 정식 노동자가 아니기 때문에 하루 7시간 이상 일할 수 없다. 해지 방어 업무는 콜센터 업무 중 가장 어려운 업무이다. 서비스를 해지하려는 고객을 설득해 서비스를 유지하게 하는 것이기 때문이다. 이 사업장은 그야말로 인권도 없고 무법 천지였던 거다.

현장 실습생에게 이토록 가혹한 회사가 정식 노동자들에게는 어떻게 했을까? 더했을 가능성이 높다. 이 회사에서는 이전에도 업무를 비관하며 자살한 노동자가 있었다. 그럼에도 불구하고 회사는 실습생이든 노동자든 가리지 않고 목표를 달성하도록 괴롭혀왔다는 것이다. 그런데 문제는 이 회사만 이런 것이 아니라는 데 있다.

"민원전화 받고 있으면 유리방(사무실)에서 쪽지가 오는데 그거 때문에 스트레스를 엄청 받죠. 시간대별로 팀장 쪽지가 와요. 민원 처리 빨리하라는 거예요. 오래 잡고 있지 말고… 그래서 하루에 이석 시간이 5~10분 정도 밖에 안 돼요. 화장실만 잠깐 갔다 오고 하루 종일 물도 안 먹고 그렇게 일을 했어요."

— 정부기관 콜센터 노동자

"일하다 보면 저쪽 끝에 있는 팀장이 누군가에게 손가락질을 하며 막 소리를 질러요. '후처리, 후처리!!'* 과거에는 내가 숨이 턱에 차면 홀더 버튼을 누르고 전화를 안 받을 수 있는 짬이 있었는데 지금은 전화 끊자마자 대기 전화가 연결되는 자동 연결체계로 되어 있어요. 쉴 수가 없죠."

— 인터넷기업 콜센터 노동자

---

* 전화 끊고 입력 작업을 계속하면 안 된다는 말. 전화 통화와 동시에 입력 작업이 끝나 있어야 한다고 아우성치는 소리다.

> "내 일거수일투족이 컴퓨터에 기록되는 게 무서울 때가 한두 번이 아니예요. 심지어 나중에 보면 화장실에 몇 번 갔는지도 알 수 있더라구요. 가끔은 내가 회사가 아닌 닭장 속에 들어와 있는 것 같아요"
>
> — 은행 콜센터 노동자

70년대 제조업 생산 공정에서 가발을 만들고 옷을 만들고 간단한 기계부품을 조립하던 여공들은 '작업반장'이 제일 무서웠다. 욕하며 때리기도 했고 특히 잔업을 누구에게 줄지를 작업반장이 결정했다. 그리고 작업장을 순회하면서 직접적인 노무관리를 했다. 화장실을 자주 간다고 뭐라 하고 무슨 물을 그렇게 많이 마시느냐고 잔소리를 했다. 불량이라도 나오면 일당을 못 받는 경우도 있었다. 현재 콜센터에서 이루어지는 노무관리가 과거와 얼마나 다르다고 볼 수 있을까? 전자적 기술의 지원만 추가되었을 뿐이다.

감염되고 욕먹고

2020년 3월, 콜센터 상담원들의 코로나 집단 감염 소식이 전해졌을 때 '올 것이 왔다'는 생각에 매우 안타까웠다. 다닥다닥 붙어 앉아 일하는 콜센터 상담원들은 환기도 잘 되지 않는 환경에서 마스크나 손소독제를 제대로 지급받지 못한 채 일했다. 하루 종일 말을 해야 하기 때문에 비말감염 가능성도 높을 수밖에. 특히 '콜 수' 목표량을 채우려면 화장실 갈 시간도 없는데 약국에 줄 서서 마스크를 산다? 언감생심이다. 결국 집단 감염은 업무 환경 때문에 발생한 것이다.

전 국민이 똘똘 뭉쳐 코로나 바이러스와 전투를 벌이고 있다. 이미 국민경제적 손실도 천문학적인 수준에 와 있다. 이 상황을 돌파하는 방법은 더 이상의 감염을 막는 것이다. 그런데 개별 기업이 좀 더 벌어보겠다는 생각으로 노동자를 감염에 노출시키는 행위는 반국민적이고 반국가적인 선택이다. 노동자 한 명이 지역 감염원이 되었을 경우 미칠 영향을 생각한다면 아찔하다. 그런데 기업은 감염 방지 노력을 하지 않는 상황에서 콜센터 노동자들만 "감염될 줄 알면서 왜 스스로 관리하지 않았느냐"며 욕먹는 상황에 처한다.

콜센터 노동자들은 모두 굴지의 대기업 하청 노동사

콜센터는 작게는 수십 명에서 많게는 수천 명이 근무하는 곳이다. 그리고 거의 대부분이 대기업의 하청이라는 특징을 갖는다. 은행이나 보험사 같은 금융권이나 LG, 삼성과 같은 통신 및 가전업체들이 원청이다. 그럴 수밖에 없는 것이 고객이 많고 시장이 크다 보니 경쟁이 치열하여 고객 유치 마케팅을 위해 콜센터 운영은 필수다. 그런데 참 이상한 일은 이 노동자들의 임금이 최저임금을 넘기 어려운 수준이라는 점이다. 더욱 이상한 일은 노동자 대부분이 여성이란 점이다. 진짜 이상한 점은 쉴 새 없이 전화를 받고 있지만 정작 고객들은 상담센터에 전화했을 때 이 노동자들의 목소리를 듣기가 너무 어렵다는 점이다.

한 해에 수백억 원에서 수천억 원씩 순이익을 남기는 회사들이 콜센터 노동자들에게는 최저임금만 준다. 그러니 남성 노동자들은 오지 않는다. 게다가 정작 고객은 화가 난다. 자동 응답기가 계속 돌아간다. 상담사의 목소리를 듣기는 하늘의 별따기처럼 어렵다. 그리고 상담사를 여러 명 거쳐야 하나의 서비스가 끝난다. 상담사를 더 고용하면 화장실에도 마음 편히 갈 수 있고, 고객들도 기다리지 않을 텐데, 도대체 기업은 누굴 위해 콜센터를 운영하는지 모르겠다.

콜센터 노동자에게 희망을

콜센터 노동자들은 낮은 임금에 힘든 노동을 하면서도 자부심이 크다. 콜센터 업무를 아무나 할 수 있다고 생각한다면 큰 착각이다. 콜센터 직원은 매일 내려오는 새로운 정보를 습득하고 매달 시험도 봐야 한다. 그래서 짬을 내서 시험 준비를 하는 세미나 그룹도 운영한다. 정부의 새로운 시책이나 법 및 하위법령 개정이 이루어지면 이에 대한 공부는 필수다. 금융분야 각 기업에서 새로운 금융상품이 개발되면 이 복잡한 상품에 대한 정보를 습득하는 것 또한 기본이다. 그래서 그들은 이렇게 말한다. "원청 정규직 노동자보다 우리가 원청 회사

상황을 더 잘 알 걸요? 확실합니다."

그러니 콜센터를 인소싱하는 것이 마땅하다. 원청 정규직보다 원청 상황을 더 잘 아는 이 노동자들을 왜 하청으로 묶어 차별하는지 도무지 알 수 없다. 원청 노동자가 하청인 콜센터 직원에게 갑질을 하는 경우도 심심치 않게 벌어진다. 누구나 기업을 위해 열심히 일하고 있는데 자꾸 계층이 만들어지면 누구에게 이익이 될까.

우리는 흔히 콜 서비스 자체만을 생각하지 콜 뒤의 노동자를 상상해보지 않는다. 그냥 항상 거기 있으니까. 그러나 혼신의 힘을 다해 내 이야기를 알아들으려 노력하고 정보를 전달하려 노력한다는 것을, 그들이 잠시도 못 쉬고 앉아 있을 것임을 짐작하지 못한다. 전화 걸고 받는 일은 어려운 일이 아닐 거라고 생각한다. 하지만 그들이 일하는 모습을 보고 분명히 깨닫는다. 그들의 노동은 가장 힘든 노동 중 하나라는 사실을.

20년 만에 다시 만난 택시 운전사

윤간우

누구나 한 번쯤 탔을 택시, 그 택시를 운전하는 노동자에 대한 이야기를 하려고 한다. 나는 철도나 지하철, 택시, 버스, 화물 트럭을 모는 운수 노동자들에 대한 연구를 수 차례 진행했다. 그래서인지 어느 날 경향신문사에서 연락이 왔다. 택시 산업의 과거와 현재 그리고 미래를 조망할 목적으로 택시 노동자에 대한 심층 기획기사를 준비 중이라고 했다. 함께하자는 요청에 즐거운 마음으로 합류했다.

머리를 맞대고 기획 논의를 하던 중 내가 처음으로 택시 노동자를 조사했던 2003년의 일을 이야기했다. 거의 20년 전 이야기다. 결국 기획은 20년 전의 그 택시 노동자를 찾아 현재 어떤 모습으로 생활하고 있는지를 추적하는 르포 기사를 싣는 것으로 정리됐다. 그런데 한 회사에서 20년 일한 택시 노동자가 과연 있기는 할까? 서울노동권익센터에서 발표한 「서울시 택시기사의 노동 실태와 지원방안」에 따르면 법인 택시 노동자의 연간 이직률은 60% 이상이다. 그러니 그들을 찾는 것부터가 관건이었다. 그런데 있었다. 덕분에 나는 5명의 택시 노동자를 다시 만나게 됐다.

20년 전에 만난 택시 노동자

1997년 운송수입금 전액관리제가 도입되었으나 기존의 사납금제가 근절되지 않았다. 이 때문에 택시 노동자의 근로환경이 열악해지는 상황에서 2003년 전국민주택시노동조합은 전액관리제와 사납금제 하의 노동조건과 안전보건 현황의 차이를 파악해달라고 요청했다. 전국 44개 택시회사를 대상으로 사업장 특성과 노동조건, 그리고 안전보건 현황을 조사하였으며, 서울·경기 6개 사업장의 택시 노동자 360명을 대상으로 진행됐다.

2003년 조사 당시 택시 노동자의 월평균 수입은 100~150만 원이었다. 사납금제를 실시하는 경우 수입이 100만 원노 안 되는 경우가 절반 이상이었다. 대부분 맞벌이를 통해 가계를 꾸려가고 있었다. 한 달 평균 근무시간은 261.1시간으로 당시 제조업 평균 198.3시간보다 60시간을 더 일하는 것으로 파악됐다. 1일 2교대제로 12시간 배차 간격의 제한이 있었지만 변형 근무형태인 1인 1차제·격일제·복격일제로 운영되는 택시회사도 많았다. 이들은 월 300시간 이상 근무하는 경우도 있었다. 운행시간이 늘어날수록 운행 수입도 증가하기 때문에 장시간 노동이 고착화됐다. 장시간 노동으로 인한 건강문제도 심각한 상황이었다. 운전 업무로 인한 스트레스(승객과의 마찰, 교통체증 등), 교대근무로 인한 생체리듬의 파괴가 더해져 뇌심혈관계 질환이 다른 업종보다 많았다. 절반 이상이 스트레스 고위험군이었으며 이로 인한 우울증상 호소자도 많았다. 제한된 운전석에서 장시간 운전을 하다 보니 병원 치료가 필요한 근골격계 증상 유병률도 32%이었다. 장시간 노동으로 인한 피로, 운행 수입을 올리기 위한 무리한 운행으로 교통사고 위험도 높아 1년간 운수사고 경험률이 22%에 이르렀다.

20년 만에 다시 만난 택시 노동자

약 20년 만에 다시 만나게 된 5명의 택시 노동자들은 2003년 당시 택시운전을 시작한 지 5년이 안 된 40대 초반이었다. 다들 다른 일을 하다 1997년 IMF 외환위기를 계기로 택시업을 선택한 공통점이 있었다. 1980년대 말까지만 해도 택시 노동자의 형편은 좋은 편이었다. 하지만 그들이 생계를 위해 택시업을 선택한 시기인 1990년대 이후로 대중교통의 발달, 자가용 증가로 인한 수요 감소로 택시업은 내리막길을 걸었다.

20년이 지난 현재 택시 산업은 과거보다 더 어려워졌다는 것이 업계 종사자와 전문가의 공통된 의견이다. 그럼에도 여전히 같은 택시회사에서 운전대를 잡고 있는 5명의 택시 노동자에게 그 이유와 건강상의 변화를 살펴보았다.

이들에게 여전히 택시업에 종사하는 까닭을 물으니, 공통적으로 대답하길 다른 일을 시작할 기술이 부족하고 심리적으로도 두렵다고 했다. IMF로 다니던 직장을 잃으면서 가졌던 좌절이 지금까지 새로운 도전을 가로막는 큰 이유였다. 또 다른 공통된 이유는 택시 수입금으로는 저축하기조차 어려워 다른 일을 벌일 자금을 만들 수 없었다는 것이다. 개인택시도 사정이 어려워 섣불리 빚을 내면서까지 개인택시 면허를 취득하지 않았다고 한다.

택시 노동자로 남아 있는 이유가 개인적 사정이었다면, 한 회사에 계속 다니고 있는 이유는 다른 차원의 이유였다. 첫 번째 이유는 동료애다. 5명 모두 1997년 운송수입금 전액관리제가 도입된 이후, 투쟁을 통해 사납금제에서 전액관리제로 임금체계가 바뀐 회사에 근무하고 있었다. 개인택시 면허를 취득해 떠난 동료들을 제외하고는, 임금체계 개선을 위해 싸웠던 동료들이 여전히 같이 근무하고 있다고 한다. 승객에게 받은 스트레스도 일 끝나고 서로의 처지를 아는 동료들과 소주 한 잔으로 풀었고, 어려움에 처했을 때도 십시일반 동료들의 도움으로 이겨냈다고 한다. 동료들이 없었으면 수입이 조금이라도 많은 택시회사로 이미 옮겼을 것이라고 했다.

두 번째는 전액관리제를 유지하는 회사에 대한 믿음과 애정이다. 사납금이라는 정해진 수입이 확보된 사납금제 택시회사보다 변동이 심한 운행 수입에서 정해진 임금을 지급해야 하는 전액관리제 택시회사가 운영이 더 힘들다고 한다. 물론 장점도 있다. 택시 노동자가 교통사고를 냈을 때 회사가 지불하는 보험금과 합의금이 전액관리제 택시 회사가 절반 가량 적다고 한다. 사납금제하에서는 사납금을 초과한 운행 수입을 택시 노동자가 가져가기 때문에 장시간 근무, 무리한 운행이 많아 교통사고 발생률이 높기 때문이다. 택시 노동자와 회사가 서로 가져가는 이익이 적다하더라도, 택시 노동자에 대한 믿음을 바탕으로 안전을 생각하며 지금까지 전액관리제를 유지해온 회사에 믿음과 애정을 가지고 있었다.

세 번째는 전액관리제 택시회사에 근무하면서 업무 자율성이 보장된다는 점이다. 택시업은 정해진 규칙(배차시간, 기본 수입 등)만 지킨다면, 다른 업종보다 업무 자율성이 크다. 그리고 사납금제보다는 전액관리제의 택시 노동자들의 업무 자율성이 더 높다. 업무 자율성은 피로를 예방하여 안전운전에 도움이 된다. 급한 개인·가계 업무 처리에도 도움이 되어 가족 및 사회생활에도 긍정적인 영향을 미친다.

다행히 이번에 만난 노동자들의 건강도 우려 수준은 아니었다. 규칙적인 운동을 포함해 비교적 건강한 생활습관을 유지하고 있었다. 안전운전에 대한 생각과 평소 운행 습관도 우수했고, 2003년 조사에 비해서도 좋아진 것을 알 수 있었다. 그 결과 지난 1년간 운행 중 사고 경험을 파악했는데 경미한 접촉사고 외에 인명 사고를 일으킨 경우는 최근 몇 년간 아무도 없었다. 지난 20년의 세월은 어쩔 수 없는지 육체적 능력, 업무와 관련된 피로도는 더 증가한 것으로 파악됐다. 하지만 만성 질환자는 없었다.

긴 여정을 마치며

20년이 지나 다시 만난 노동자들의 모습이 과거보다는 좋아 보여 다행이었다. 그러나 여전히 낮은 소득, 장시간 노동, 달고 다니는 질병, 교통사고 위험으로부터 자유롭지 않다는 점은 안타깝다. 노동자들과의 인터뷰를 마치고 나서 긴 여행의 터널을 빠져 나온 느낌이었다. 2003년에 만났던 택시 노동자들을 같은 회사에서 다시 만날 것으로 기대하지 않았다. 하지만 그들에게는 떠나지 못한 이유도 있었지만 남아 있는 이유가 더 많았다. 동료애, 노사의 신뢰관계, 업무의 자율성 등등. 이는 택시산업의 생존을 위해 필요한 전제 조건이다.

2019년의 법 개정으로 법적으로는 모든 택시 회사에서 사납금 제도가 사라졌다. 많은 회사에서 기사가 한 달 동안 회사에 얼마를 내든 일정 급여를 지급하는 방식이 아니라 기사가 한 달 낸 액수를 고려해 상여를 지급하는 형식의 월급제를 도입했다. 사실상 현재까지 민주택시가 유지해온 전액관리제와 유사한 방식이다.

택시는 친근한, 언제나 옆에 있어야 할 필수 교통이다. 바쁘거나 짐이 많거나 몸이 불편할 때라면 택시 이용이 꼭 필요하다. 택시 노동자들도 보다 건강하고 안전한 환경에서 일할 수 있으면 좋겠다. 사납금제 폐지는 참 다행스러운 일이다.

중장년 여성들의 전유물, 돌봄노동

한인임

내 외할머니는 치매로 돌아가셨다. 그래서인지 어머니는 당신에게 치매가 오면 양로원에 가게 될까 봐 전전긍긍하신다. 어떤 일이 있어도 집이 아닌 다른 곳에서 요양은 못 하시겠단다. 어머니보다 몸집이 작은 나는 '걱정 말라, 요양보호사 도움 받으면서 내가 집에서 모신다'는 말로 위로한다. 2008년 도입된 '노인장기요양보험제도'에 따른 요양보호사제도는 우리나라 사회복지에 큰 공을 세운 장본인이다. 요양기관이나 집으로 찾아오는 요양보호사는 활동이 어려운 노인을 돌보는 역할을 한다. 가족의 부담을 크게 낮춘 것이다. 이들 요양보호사는 거의 대부분이 중장년층의 여성이다.

지금은 성인이 되었지만 초중고 시절 학교에 등교하는 낙이 점심 먹는 거였던 내 아이들은 지금도 급식 이야기를 한다. "엄마, 웬일… 오늘 꽃게탕은 맛있네. 고등학교 급식 때 먹었던 그 맛이야. 국물 어떻게 냈어?" 내가 요리 솜씨가 없는 걸 아는 아이들은 만약 학교에 도시락을 싸서 다녀야했다면 자기들이 매우 불행했을 것이라고 이야기한다. 급식을 먹어서 다행이라면서. 그래서 나는 아이들과 함께 학교급식조리 선생님들께 감사한다. 이들 역시 중장년층의 여성이다.

'아줌마'만 일하는 직업이 있다

특이한 점이 있다. 이 노동자들은 거의 100% 중장년 여성이다. 이러한 직종들이 더 있다. 마트의 판매 노동자, '야쿠르트 아줌마', 가스 계량기 검침이나 누출 검지 업무자, 정수기 등 렌탈 제품 관리자 등.

 이 노동자들이 가진 공통점은 여성이자 중장년층이라는 점 말고 또 있다. 임금이 대체로 최저임금 수준이라는 것이다. 또 근속이 오르면 호봉이 오르는 호봉제도 적용받지 않는다. 최저임금이 올라야 비로소 임금이 오를 수 있다. 장기근속을 통해 조직에 봉사해도 경력으로 인정되지 않는다. 승진? 그런 건 애초부터 없다. 아무리 봐도 일반기업의 노동자들에 비해 차별을 받는 것 같다. 또한 이들의 고용상태는 불안정하다. 요양보호사 자격증을 가지고 있지만 업무가 주어지지 않으면 일을 할 수가 없다. 학교 학생 수가 계속 줄어들고 있는 상황에서 학교급식도 줄어들어 이 노동자들은 항상 고용 불안을 호소한다. 그렇다면 저임금에 불안정 고용 구조까지 가진 이 노동자들은 조직 안에서, 혹은 사회인식 속에서 제대로 된 대접은 받을까? 교사나 학생들은 급식 노동자를 '아줌마'라고 호명한다. 요양보호사 역시 보호대상자나 그 가족으로부터 '아줌마'로 불린다. 학교 안에서 일하는 모든 성인은 다 선생님으로 불리지만 이들은 아니다. 병원에서 일하는 간호사나 간호조무사는 선생님으로 호명되지만 요양보호사들은 예외다.

경력 단절을 악용하는 사회

그렇다면 이런 상황이 왜 생겼을까? 우리 사회는 여성에게 가혹하다. 특히 일하는 여성에게는 더욱 가혹하다. 집안에서 육아와 가사노동은 여전히 여성의 몫이다. 딱히 부모로부터 육아 지원을 받을 수 없으면 일하는 여성은 퇴직을 진지하게 고민하게 된다. '82년생 김지영'의 탄생 배경이다. 전업주부로 있어도 '맘충' 소리를 듣고, 일하면서 육아하면 '칼퇴근하니 진급하겠어?'라는 소리를 듣는다. 그래서 기혼 여성들은 회사를 그만둔다.

아이를 어느 정도 키우고 나면 숨 쉴 여유가 좀 생긴다. 반면 돈이 필요해진다. 예쁘던 아이는 자라면서 어느 순간 '돈 먹는 하마'가 된다. 그래서 일을 해야 하는 필요가 커진다. 인생은 모르는 일이라서 예상치 못하게 주 소득원이었던 배우자와 이혼할 수도 있고, 배우자가 실업상태에 빠지거나 질병에 걸릴 수도 있다. 이런 상태라면 본인이 주 소득원이 돼야 한다. 노동시장으로 뚜벅뚜벅 걸어들어가야 하는 상황이 생기는 것이다.

노동시장에서 이들이 찾을 수 있는 직업은 바로 '아줌마만 일하는 직업'이다. 경력 단절 때문에 이전에 하던 일은 엄두를 낼 수 없거나 아예 문전박대다. 처음부터 전업주부였던 여성들에게는 선택의 여지가 없다. 심지어 고맙기까지 하다. 최저임금에 불안정 고용상태, 아무리 열심히 해도 보상이 주어지지 않는 일자리. 이런 일자리를 얻게 되는 것은 경력 단절을 했기 때문인 것인가 아니면 질 낮은 일자리를 만들어놓고 경력 단절 여성만을 뽑기 때문인가. 나는 후자라고 본다. 갈 곳을 찾아 헤매는 중장년 여성 노동자들이 수두룩한데 굳이 고임금이나 안정적 일자리, 승진 따위를 제공할 이유가 없다고 판단하는 이 사회의 인식 구조가 만들어낸 결과이다. 그런데 이렇게 선택한 일자리에서조차 그녀들은 무너지기 시작한다.

"나보고 자기네 가족 옷을 빨래요"

"저는 이용자의 편의를 도와주는 일을 하는 사람이잖아요? 장 봐서 식사 준비해드리고 목욕시켜드리고 산책하자고 하면 휠체어 밀고 나가고… 그런데 멀쩡한 가족들 빨래를 해달라는 거예요. 심지어 가족들 심부름해달라는 경우도 있어요. 주말 동안 미뤄놓은 가족들 설거지도 한 적 있어요."

"일주일에도 여러 번 이용자 댁에 가는데 보호자가 창문에 있는 먼지까지 꼼꼼히 닦으라고 시킵니다. 전기요금 아깝다고 세탁기를 사용하지 못하게 해 손빨래를 하기도 해요. 손목, 허리 너무 아프죠."

"이용자 가족이 기르는 개를 산책시킨 적도 있어요."

"제 동료는 남성 이용자가 가슴을 만져 놀랐는데 센터에 이야기를 해도 센터에서 아무런 조치도 취하지 않아 그만두었어요."

"이용자의 남편이 자꾸 야한 이야기를 하면서 제 손목을 잡고 놓아주지 않아 무서웠어요."

"이용자가 치매를 앓고 있는데 물건을 어디에 뒀는지 기억하지 못하면 제가 가져갔다는 거예요. 그래서 결국 저는 일자리를 잃었어요."

요양보호사들의 호소는 저임금, 불안정 고용에서 끝나지 않는다. 이용자나 해당 가족의 무리하거나 무례한 요구를 받아들여야 하는 상황이 존재하고, 육중한 남성 이용자의 몸을 혼자 목욕시켜야 하는 경우도 있고, 이용자 가족이 일방적으로 교체를 요구하는 경우도 있으며, 성희롱이나 성추행은 일상적인 상황이다. 돌봄이라는 가장 중요하고 큰 일을 하고 있지만 가장 나쁜 상황에 노출되어 있는 것이다.

노인을 대상으로 하는 방문 요양보호사는 시·군·구 단위의 센터에 소속되어 있는 경우와 요양기관에 직접 고용되어 일하는 경우로 나뉜다. 방문 요양보호사는 가정으로 직접 찾아가기 때문에 이용자의 가족까지 만나야 하는 경우가 많다. 이 과정에서 다양한 문제가 발생한다. 따라서 이런 문제를 해결해야 하는 주체는 요양보호사가 고용된 센터이다. 그러나 센터들은 이용자의 눈치를 보느라 제대로 된 대응을 하지 않는다. 이 때문에 요양보호사들의 마음에는 큰 상처가 남는다.

상당수의 문제를 해결할 방법이 없지 않다. 방문 요양보호사를 2인 1조로 일하게 하는 것이다. 오래 누워 있어 체위를 바꿔줘야 하는 환자를 돌볼 때 힘 좋은 젊은 간호사들도 허리 디스크에 걸리는데 중장년의 여성 노동자들은 더 힘들 것이다. 몸을 잘 못 가누는 육중한 몸집의 노인 목욕은 더 말할 나위 없다. 2인 1조라면 훨씬 쉽게 일할 수 있다. 게다가 2명이 와 있는데 감히 성희롱을 하고 성추행을 할 이용자나 보호자는 없을 것이다. 무리하거나 무례한 요구를 할 때 두 사람이 함께 요양보호사 업무 매뉴얼을 읊으며 수용할 수 없다고 이야기한다면 '싸가지 없다'는 이야기는 못 할 것이다.

"샤워 후 거울에 비친 나를 보면 슬퍼요"

학교 급식실은 그야말로 전쟁터다. 1천 명에 이르는 학생들 밥 지으랴, 국 끓이랴, 반찬 3가지는 기본이고 여기에 김치까지. 특식이라도 하는 날에는 장난 아니다. 치즈 껍질을 1천 개 벗기면 손목이 시큰거려 밤에 잠을 잘 못 잔다는 조리사의 말이 떠오른다. 김치 같은 건 손 많이 가는 음식이니 사서 제공해도 되지 않느냐고 물으니, 그건 원칙적으로도 안 되고 어머니로서 자존심도 상하는 일이라고 한다. 학교들은 앞다투어 친환경 식재료와 레시피를 지향하고 있다.

국솥의 규모나 볶음 전용 솥의 크기는 가히 욕조 급이다. 아침 일찍 출근해 점심식사를 준비하려면 **빠른 속도로 움직여야 한다**. 좁은 공간에서 뛰듯이 움직이다보면 여기저기 부딪치는 건 다반사다. 정신없이 하루 일과를 끝내고 집에 돌아가 샤워를 하고 난 후 거울에 비친 몸을 보면 멍투성이란다. 건설 노동자도 이 정도는 아닐 거라고 한다. 게다가 데이고 베이고… 손과 팔뚝은 노동의 흔적을 고스란히 담고 있다. 이럴 때는 좀 슬프지만 그래도 아이들에게 좋은 밥, 맛있는 반찬 만들어주는 게 그냥 막 기쁘다고 한다. 정작 자신의 자녀에게는 그렇게 못해주면서.

그런데 여기서 끝이 아니다. 가끔 일하다가 기절하기도 한다. 제대로 환기가 안 되기 때문이다. 음식 조리 과정에서 나오는 증기, 가스는 호흡을 어렵게 만든다. 특히 튀김요리를 할 때 나오는 다핵방향족탄화수소PAHs와 아크릴아마이드는 발암성을 갖는 물질들이다. 한편 여름철 불 앞에서 몇 시간씩 씨름하다 보면 사우나에서 흘리는 땀은 땀도 아닌 상황이 된다. 계속 물을 마시고 얼음을 바가지로 떠 옷 속으로 쏟아 부어도 탈진이 일어난다.

어려움의 완결판은 20kg짜리 쌀 포대를 옮기는 일이다. 현행 산업안전보건 규제에서는 25kg 이상의 물건을 사람의 근력만으로 취급하지 않도록 하고 있다. 20kg짜리 쌀을 받아서 조리실로 가져와 씻고 밥물을 넣으면 밥통 무게는 25kg가 훌쩍 넘는다. 이런 무게의 밥통을 수없이 취급해야 한다. 그런 탓에 내가 만났던 조리사들은 대부분이 허리 수술을 받은 경험이 있었고 어깨를 잘 못 드는 환자였다.

전쟁 같은 점심 배식이 끝나면 한 숨 돌릴 시간이 생기지만 곧 더 힘든 일이 기다리고 있다. 바로 청소다. 교실 배식의 경우 좀 낫지만 식당이 있는 경우 식탁과 식당 바닥을 닦아내야 한다. 조리실은 물론이고. 수백 명이 들고 난 식당 바닥은 닦기 어렵다. 그러니까 자꾸 센 세척제를 찾게 된다. 그런데 센 녀석일수록 독성도 강해 조리사들의 몸에 이롭지 않다. 후드 청소는 압권이다. 천장에 달려 있는, 기름으로 쩔어 있는 후드를 닦기 위해 높은 곳에 올라가 목을 젖치고 후드 구멍 속에 머리를 집어넣고 하는 청소는 정말 힘든 일 중 하나다.

이렇게 일하고 있는 이들에게 무엇이 제일 먼저 개선되면 좋겠냐는 질문을 했더니 생뚱맞은 대답이 나왔다. 병가를 쓰고 싶을 때 썼으면 좋겠다, 집안에 대소사가 있을 때 휴가를 쓸 수 있으면 좋겠다, 같은 바람들이었다. 아프면 병원 가야 하고 연차는 법에서 쓸 권리를 보장하고 있는데 이게 무슨 소리인가. 병원을 가야 해서 빠지거나 휴가를 쓰게 되면 내가 해야 할 일을 오롯이 동료들이 떠맡아야 하는 상황이 발생한다. 학생 수 800명에 조리사 5명인 조건에서 1명이 빠진다? 이건 일이 안 되는 형국이다. 나머지 동료들도 비명을 지를 것이다. 그래서 조리사들은 병가도, 휴가도 없다. 방학 때 치료받으려고 아파도 참는다. 그러면서 병을 키운다. 집안 행사는 방학 때만 간다. 물론 선생님과 다르게 방학 때는 월급이 안 나온다.

중장년 여성의 노동권 보호, 이제는 시작해야

사회가 짜놓은 경력 단절 여성 전용 일자리에서 저임금, 불안정 고용에 처해 있는 것도 억울한데 왜 모욕감을 견뎌야 하고 숨 넘어가듯 일해야 하는 것인지 이해되지 않는다. 답이 없는 것도 아닌데 왜 안 바꾸는지 이것은 더욱 이해되지 않는다. 민간 기업들이야 돈에 눈이 어두워 그렇다고 하더라도 공적 업무를 담당하고 있는 곳에서조차 개선이 이루어지지 않는다는 것은 더욱 이해할 수 없는 일이다.

국가가 노인복지를 증대하고 가족의 돌봄 부담을 줄이기 위해 만든 요양보호사 제도가 제대로 연착륙하려면 요양보호사들도 고통스럽지 않아야 한다. 중장년 여성이 가장이라고

했을 때 받을 수 있는 생활임금 수준이 지급돼야 한다. 일자리 수요는 갈수록 늘어나고 있기 때문에 정부는 이에 걸맞은 사회복지 예산을 준비해야 한다. 2인 1조 방식을 택한다고 해서 예산이 크게 늘어나지는 않을 것이다. 요양보호사 1명이 하루에 2가구를 방문한다고 하면 2인의 요양보호사가 하루 3~4가구를 방문하면 된다. 물론 노인 환자의 중증도에 따라 다를 수 있지만 배치를 적절하게 하면 가능한 일이다.

학교급식조리사들의 경우 지금까지 고강도 노동에 시달려왔던 점을 고려해 여유 있는 인력 기준을 설정할 필요가 있다. 이 인력 기준에는 휴가자나 병가자를 대체할 수 있는 예비 인력도 들어가야 한다. 힘들지 않게 일하려면 설비나 기구의 도움을 얻는 것이 필요하다. 모든 포장은 5kg 이내로 경량화하자. 깍두기 썰기는 기계가 하면 된다. 쌀 씻기도 기계에게 부탁하자. 국이나 볶음도 저을 때는 기계가 하게 내버려두자. 이미 이런 기계들은 시중에서 사용되기 시작한 지 오래됐다. 그런데 유독 학교에만 도입되지 않은 점에 대해 학교, 교육청이 답변해야 한다.

그리고 방학 중 임금을 지급하지 않는 것은 매우 당혹스러운 일이다. 방학 중에는 굶어야 한다는 이야기인데 이는 어느 나라에서도 찾아볼 수 없는 사례이다. 오히려 임금 수준이 높은 집단에서는 쉬는 기간에 임금을 받지 않아도 되겠지만 최저임금 집단에서 방학이라고 이 생존비조차 못 받는다는 것은 양극화, 빈익빈 부익부를 국가가 나서서 조장하는 꼴이다.

중장년이 되어 노동시장에 다시 나오는 여성 노동자들이 자부심을 가지고 일할 수 있는 사회를 만드는 것은 그렇게 어려울까? 이 노동자들은 절대 없어지면 안 되는 일을 하고 있을 뿐만 아니라 자신이 하는 일에 상당한 자부심을 가지고 있다. 그러나 조직 내부에서의 냉대나 하대, 국가가 나서서 행하는 차별, 이 때문에 사회로부터 무시당하는 시선을 겪게 된다. 그래서 자부심은 모멸감으로 변한다. 항상 내 주변에서 나를 돕기 위한 존재로 서 있는 이들 중장년 여성 노동자들에게 박수를 보낸다. 내가 할 일을 대신해주고 있으니 어찌 고맙지 아니한가. 이제 국가가, 교육청이 나설 차례다.

상상하라, 화려한 호텔과 카지노의 노동을

한인임

호텔리어. 듣기만 해도 짜릿하다. 카지노는 더 하다. 현란한 조명 아래 재미있는 게임들이 돌아가고 잭팟이 터지는 환상의 세계다. 미국 네바다 주의 라스베이거스가 연상된다. 꼭 멀리 가지 않아도 된다. 우리나라에도 있다. 힐튼, 워커힐, 하얏트, 신라 등 이름만 들어도 알 수 있는 유명 호텔들에는 다 카지노가 있다. 단, 외국인 전용이다. 한편 내국인도 갈 수 있는 카지노가 있다. 국내 단 한 곳, 바로 강원랜드다. 화려하기만 한 이곳들. 하지만 국내 여러 호텔과 카지노에서 일하는 노동자들은 화려함 속에 가려진 자신들의 고된 노동을 설명하는 데 거침이 없다. 그 화려함 때문에 우리는 노동자들이 토로하는 어려움을 보기 어렵다. 자세히 보아야 보인다.

대우가 좋은데 왜 떠나지?
한 번은 호텔과 카지노를 운영하는 회사의 노·사가 찾아온 적이 있다. 회사가 직원들에게 대우를 잘해주는데, 즉 임금수준도 높고 복지수준 또한 어디에 내놔도 손색이 없는데 자꾸 직원들이 회사를 나간다는 것이었다. 특히 카지노의 딜러는 입사 후 최대 6개월의 훈련과정을 따로 거치게 되는데 이 훈련과정이 기업 입장에서는 비용이다. 그런 후 실전 업무에 배치하면 1년이 채 못 돼 나간다는 것이다. 이는 노·사에게 모두 부정적인 효과를 준다. 기업에게는 비용을, 노동조합에게는 조직 관리의 어려움을 안겨주게 된다.

일자리 찾기 어려운 시기에 대우가 좋은 회사를 떠나야만 하는 이유가 있을 것이다. 이는 호텔이나 카지노의 노동조건이 일반적으로 생각하고 있는 그것과 크게 다른 요인이 있을 것으로 추정되는 사항이다.

높은 자살 충동과 시도

국내 한 호텔의 외국인 전용 카지노 노동자를 조사한 결과*에 따르면 최근 1년 사이 자살 충동 및 시도에 대한 경험을 묻는 질문에서 자살 충동을 느꼈던 집단의 비율이 무려 20%에 이르는 것으로 나타나며 2.5%는 실제 시도도 했던 것으로 나타났다. 우리나라 국민의 자살 충동 경험 16.4%보다 높은 수치다. 젊고 건강한 노동자들이 노인 인구까지 포함된 국민 통계

---

* 감정노동전국네트워크, 「○○카지노 감정노동 실태조사 결과」, 2017.

보다 더 많이 고통에 빠져 있다는 통계는 가히 충격적이다. 외국 카지노 사업장의 경우 직무 스트레스 원인은 업무환경 문제(실내온도, 2차 흡연, 코인 가루, 감기 등), 손님과의 관계(불쾌한 언행, 보복 등), 관리자의 관계(일관성 없는 규정 문제 등) 등이었다.*

　호텔이나 카지노에서 노동자가 겪는 고통은 그 공간과 업무의 성격 자체에서 출발한다. 호텔은 고소득 이용자가 주 고객이 된다. 따라서 소위 '갑질'을 할 수 있는 좋은 조건이 되는 것이다. '이만큼 비싼 소비를 해주니까 너희도 내가 요구하는 만큼의 서비스를 해야 해'라는 생각을 가질 수 있는 것이다. 게다가 카지노는 무엇을 하는 곳인가? 돈 놓고 돈 먹기를 하는 곳이 아닌가. 돈 잃고 기분 좋은 사람이 있을까? 카지노에서 돈을 딸 것이라 생각하면 오산이다. 예를 들어 강원랜드는 2019년 카지노에서만 1조 3천5백억 원의 매출을 올렸고 4천억 원의 순이익을 남겼다. 딜러가 따간 돈이 이렇게 많다는 이야기다.

　카지노에서 돈을 딸 수 있다는 허망한 생각에 고객들은 게임에 집중하고 즐기기 보다는 돈을 따려고 안달복달한다. 돈을 잃으면 만회하고 싶어 더 열심히 올인한다. 그러다 결국 풍비박산이 나고 만다. 차를 팔고 집을 팔고 갈 곳이 없어 객장에 계속 머무는 경우도 있다. 눈은 이미 풀린 상태다. 이런 고

---

*　노동환경건강연구소, 「○○호텔 및 카지노 감정노동 실태조사 결과」, 2009.

객들을 만난다는 것은 힘든 일임에 틀림없다.

포크와 나이프가 날아다니는 객장

VIP 객장이라는 곳이 있다. 음식도 먹고 마시면서 게임을 즐길 수 있는 곳이다. 물론 판돈도 크다. 고객 접대에 만전을 기한다. 매출에 큰 영향을 주기 때문이다. 그런데 이들의 갑질도 VIP급이다. 잃고 있는데 갑자기 딜러의 행동이 거슬린다. 그러면 들고 먹던 포크나 나이프를 던지는 경우가 있다. 칩이나 카드를 던지는 경우는 더 자주 발생한다. 심지어 '밤길 조심하라'는 협박을 하는 고객도 있는데 이런 경우 모골이 송연해지고 퇴근길에는 자꾸 뒤를 돌아본다고 한다. 담배연기는 이미 객장 안에 자욱하다. 여성 딜러가 거의 반수를 차지하는 카지노의 특성상 임신을 한 여성 딜러들이 일하는 경우도 있는데, 담배연기는 이들에게 치명적이다.

    욕을 먹는 건 일상이다. 딜러와 게임을 하는 고객은 딜러의 얼굴을 뚫어지게 쳐다본다. 딜러의 표정을 잘 살피면 표정을 읽고 돈을 딸 수도 있다고 생각하는 거다. 딜러에겐 매뉴얼이 있다. 카드를 나눌 때는 무표정한 얼굴을 해야 한다. 중립성을 보여야 하기 때문이다. 만약 고객이 따면 살짝 웃으면서 고객에게 축하한다고 해야 한다. 그런데 만약 고객이 잃으면 (즉, 딜러가 따면) 살짝 슬픈 표정을 지으면서 죄송하다고 해야 한다. 그런데 정작 속마음은 다르다. 고객이 잃으면 딜러는 좋다. 왜냐하면 연말 팀 단위로 제공되는 성과급을 많이 받을 수 있기 때문이다. 그래서 속으로는 좋은데 겉으로는 안타깝고 미안한 표정을 짓고 말도 그렇게 해야 하니 연기도 이런 연기가 없다. 연기 과정에서 조금이라도 실수를 하면 얼굴을 꼼꼼히 살피던 고객은 바로 욕을 퍼붓는 것이다.

문 앞에 목을 맨 투숙객

"고객이 체크아웃을 해야 하는데 전화를 안 받아서 객실로 올라갔어요. 벨을 눌러도 인기척이 없어 방문을 열었죠. 그랬더니 목을 맨 고객이 덜렁덜렁 매달려 있는 거예요. 그 후론 객실 문을 열려면 식은땀부터 흘려요."

과도한 사행성에 사로잡힌 고객은 극단적 선택을 하게 되고 이를 목격한 노동자는 외상후스트레스장애를 호소한다. 카지노에서 돈을 잃었기 때문이 아니라도 호텔에 투숙해 생을 마감하는 꽤 많은 자살자들이 있다는 사실은 안타까운 일이다. 그러나 호텔 노동자들은 이런 상황에 접해도 휴가를 얻어 좀 쉬거나 정신적 치유 프로그램을 제공받지 못하는 것으로 나타났다. 화려한 호텔과 카지노에서 노동자는 어둠 속에 놓여 있는 것이다.

노동자의 고통을 줄이고 고객의 만족을 높이기 위해 1인당 게임액수를 제한하는 것은 어떨까? 합법적인 도박이라지만 도박이다. 재미있고 즐겁기 위해 게임을 하는 것을 원칙을 삼고 돈 버는 것은 지양하는 방식으로 게임의 룰을 정하면 피해자는 크게 줄어들 것이다.

억울한 룸메이드

고객이 3캐럿 다이아몬드 반지를 잃어버렸다며 청소 노동자를 도둑으로 지목한 일이 있었다. 도둑으로 몰린 청소 노동자는 그때만 생각하면 아득해진다고 한다. 너무 억울해서 그 방에서 나간 모든 쓰레기를 쓰레기 더미에서 찾아 금속탐지를 했다고 한다(호텔에는 이런 경우를 대비해 금속탐지 설비가 있다고 한다). 자신의 연봉 3년 치에 해당하는 반지 값을 물어낼 수 없었기 때문이다. 불행히도 금속탐지 결과 반지는 나오지 않았다. 초조해하던 청소 노동자는 호텔 측의 눈치만 보고 있었는데 다행히 투숙객이 반지를 찾았다는 이야기를 들었다고 한다.

고가의 귀금속을 제대로 관리하지 않은 투숙객의 잘못을 노동자가 뒤집어쓰는 사례는 매우 흔한 일이다. 그러나 이는 애초에 노동자가 두려움을 느낄 일이 아니다. 방을 비울 때 투숙객이 스스로 귀금속을 프론트에 맡기거나 금고에 넣어 보관하는 것은 기본이어야 하고 그렇지 않은 경우에는 착용하거나 휴대하는 것이 일반적인 규정이다. 규정을 어긴 투숙객이 노동자를 도둑으로 몰 때 기업은 당연히 노동자를 보호해야 한다.

> "고객이 청소를 부탁해 벨을 누르고 들어갔어요. 그런데 투숙객이 나체로 서 있는 거예요. 당황해하고 있는데 옷 입을 생각도 안 하고 청소하라고 손짓을 하더라고요. 미친 놈… 그래서 그냥 나왔어요."

이런 상황에서 노동자는 어떤 피해를 주장할 수 있을까? 눈을 물로 씻으면 잊힐까? CCTV가 있을 수 없는 공간이라 성희롱을 입증하기도 어렵고 입증하더라도 고객은 처벌도 안 되는 구조에서 피해는 고스란히 노동자만의 몫이 된다. 그러나 이 또한 호텔 측이 나서서 문제제기하고 투숙객이 계속 부인할 경우 악성고객 리스트에 올려 이후에 예약을 하지 못하게 하는 등의 방법을 모색하는 것이 필요하다. 호텔의 질 관리를 위해 반드시 필요한 활동이다.

내부자가 더 무섭다는 딜러

카지노 조직 문화는 그다지 긍정적이지 않다. 관리자들은 부하 직원의 인권에는 별 관심이 없는 듯하다. 심지어 가해 행위를 한다. 선배는 알아서 잘 모셔야 하는 상전이다. 휴게실에서도 일어서서 90도 각도로 인사를 해야 하고 먼저 쉬던 후배는 소파를 양보해야 한다. 심지어 선배들이 있으면 아예 휴게실에 들어갈 것을 포기한다. 선배는 후배를 집단으로 불러서 야단칠 수 있는 권리도 획득한다. 군대에서도 이젠 보기 힘든 모습이다.

한 외국인 전용 카지노 노동자를 조사한 결과에서 회사나 상사로부터 권력형 괴롭힘을 당한 경험이 있느냐는 질문에 '무리한 업무요구'를 지적한 응답자가 50%, '나만 괴롭힌다'는 응답자가 35%로 나타났다.*

> "있죠. 좀 말하기 그렇지만 관리자 중에서 딜러들이 실수를 하는 경우에 폭언을 굉장히 심하게 하는 경우가 있어요. 손님들 앞에 세워놓고 무안을 주거나 그런 거요. 딜러 입장에서는 실수했다는 것 자체가 큰 스트레스거든요. 아니면 내려오라고 해가지고… 로커에서도 많은 인원이 쉬어요. 아무리 막내고 아무리 그런 거에 무디다 해도 자기는 앉아 있는 상태에서 사람을 세워놓고 막 소리를 지르거나 질책을 하면 인격 모독이거든요. 근데 그게 공공연하게 이루어져요. 동기들이 있는 데서만 혼나도 스트레스인데 만약 후배가 보고 있거나 많은 인원이… 그런데서 폭언을 일삼으면서 얘가

---

* 감정노동전국네트워크, 「○○카지노 감정노동 실태조사 결과」, 2017.

실수했다는 걸 다 알려버리는 거죠. 그러면 굉장히 스트레스죠. 근무표 봤는데 그런 간부들 하고 같이 짜여 있으면… 그럼 한숨을 푹…."

진짜 화려한 호텔리어는 불가능할까?

화려함이 좋아서 호텔이나 카지노에 취업하려는 사람들이 많다. 그래? 그렇다면 화려해지자. 그러기 위해서 노동자는 자신이 가진 권리를 알아야 하고 사업주는 더 오래, 더 사랑받는 기업이 되기 위해 노동자의 안녕을 지켜줘야 한다는 것을 알아야 한다.

호텔은 격이 달라서 레스토랑에서 나오는 접시 하나도 무겁다. 일단 크다. 그런데 서빙을 하는 노동자는 몇 개씩 한쪽 팔에 얹고 손님 앞에 전달한다. 이런 접시를 수백 개씩 닦아내는 주방 노동자도 역시 손목이나 어깨에 큰 무리를 느낀다. 그럴 때는 작업방식을 바꾸면 된다. 접시를 하나씩 서빙하고 닦는 방식은 자동화 설비를 이용하면 작업 부담을 줄일 수 있다. 호텔은 직원을 신뢰하고 엄호하는 것이 장기적으로 기업에 유리하다는 사실을 빨리 인지하는 것이 필요하다. 폭력을 일삼는 고객은 다른 고객에게도 피해를 준다. 직원을 괴롭히는 고객을 고객으로 인정해주면 그 폭력성은 더 커질 수밖에 없다. 전체 고객의 질 관리를 하는 것이 다른 고객을 위해서도, 직원을 위해서도 필요한 일이다.

'직장 내 괴롭힘 금지' 규정이 근로기준법에 만들어졌다. 이제 관리자나 선배가 부하직원이나 후배를 괴롭힐 수 있는 여지가 없어졌다. 새로운 시대에 뒤쳐진 행위를 하고 있다면 퇴행이다. 이젠 이런 행동을 하면 범죄가 될 수 있다는 사실을 알고 있어야 한다. 몰라서 실수했다고 주장해도 처벌을 받을 수밖에 없다는 사실을 알아야 한다. 화려해질 수 있다. 그러나 권리와 의무가 모두 잘 작동해야만 가능하다.

그리고 언젠가는 꼭(!) 호텔이나 카지노를 이용할 우리도 노동자들이 화려한 호텔리어가 될 수 있도록 격려해주자. 그러한 격려와 존중은 반드시 내게 돌아오는 법이다.

발암물질을 없애고 싶은 노동자들

최영은

자신이 일하는 공장 안의 발암물질을 없애고자 하는 노동자들이 있다. 불과 몇 년 전까지만 해도 발암물질이 무엇인지도 모르고, 일터에서 자신이 사용하는 제품이 위험한 것인지 모르던 노동자들이다. 이들은 10년 넘게 현장에서 일하면서 자신이 사용하는 스프레이가 위험하다는 생각을 해본 적이 없었고, 손에 페인트가 묻으면 시너로 씻었다. 그런 이들이 어떻게 발암물질을 없앨 생각을 할 수 있었을까?

사용제품의 절반이 발암물질

2010~2011년 노동환경건강연구소가 전국금속노동조합(이하 금속노조) 사업장 87곳을 대상으로 발암물질 사용 실태 진단을 했다. 조사 결과에 따르면, 사용 중인 1만3천여 개 제품 중 발암물질이 함유된 제품이 47.7%로 절반에 가까운 수준으로 나타났다. 이중 사람에게 암을 일으키는 것이 확실하거나(발

암성 1급) 가능성이 큰 것(발암성 2급)으로 확인된 발암물질 함유 제품은 12.3%였다. 발암성 1급 물질 중 가장 많은 제품에서 발견된 것은 실리카*와 포름알데히드**였고, 두 물질 모두 주로 페인트에서 발견됐다.

산별협약에 등장한 발암물질

금속노조와 금속산업사용자협의회는 산별교섭을 해왔다. 기업을 뛰어넘어 금속산업이라는 업종의 노동 기준을 만들어내는 것이 산별교섭이다. 그런데 2013년 산별협약에 발암물질이 등장했다. 발암물질 진단사업 결과를 토대로 금속산업사용자협의회와 금속노조가 산별협약(제26조 발암물질 금지 및 예방)을 통해 노동자의 발암물질 노출에 대한 대책을 마련하기로 한 것이다. 이 협약에 따르면, 산별교섭에 참여하는 사업장들은 2년 주기로 발암물질 조사를 하고, 노사 공동으로 대체물질을 확보하는 등 노동자가 안전하게 일할 수 있는 작업환경을 만들어야 한다. 물론 산별협약이 체결됐다고 하여 모두 다 잘 따르는 것은 아니지만, 금속산업이라는 업종에 발암물질에 대한 조사와 대책 마련이 필요하다는 것을 노사가 공유했다는 것은 소중한 첫걸음이었다.

* 폐암을 일으키거나 식도 및 췌장에 암을 일으킬 가능성이 높은 물질이다.
** 백혈병 및 비인두암을 일으킬 수 있는 물질이다.

금속노조 경주지부의 움직임

2013년, 아직 봄이 오지 않은 눈 쌓인 경주를 찾아갔다. 금속노조 경주지부에서 산별협약에 따라 노사 공동으로 발암물질 조사사업을 추진하겠다고 연락이 온 것이다. 금속노조 경주지부는 노동환경건강연구소가 어떤 식으로 조사를 하는지 궁금하다며 설명을 요구했다. 그리고 얼마 후 경주의 9개 금속 사업장 노사가 우리 연구소와 발암물질 조사를 공동으로 하기로 결정했다는 소식을 들었다. 처음에 기업 측에서는 강성 노동조합인 금속노조의 요구로 법적인 의무사항도 아닌 발암물질 조사사업을 해야 하는 것이 탐탁지 않은 듯 보였다. 그러나 2013년 3월 첫 회의에서 기업 측 담당자들은 기업이 발암물질을 관리할 수 있고 직원들을 보호할 수 있는 좋은 대책을 마련해달라고 했다. 반가운 반응이었다.

그렇게 해서 2013년 경주의 발암물질 조사사업은 전국에서 첫 번째로 희망차게 시작됐다. 노사는 발암물질 조사사업을 통해 모든 화학제품의 사용 현황을 파악하고, 발암물질뿐만 아니라 고독성물질[변이원성물질, 생식독성물질, 내분비계교란물질(환경호르몬), 잔류성/농축성물질]까지 평가하여 위험이 큰 물질에 대해 대체 등의 관리 대책을 마련하기로 했다.

부족함을 정직하게 만나기

첫 조사에서부터 화학물질 관리의 허술함이 드러났다. 기업에서 사용하는 화학물질은 매우 다양한데, 안전보건관리자들은 사용하는 제품과 물질을 제대로 파악하지 못하고 있었다. 심지어 물질안전보건자료(이하 MSDS)조차 제대로 갖추고 있지 않았다. 조사를 하는 동안 기업의 안전보건관리자가 제출한 MSDS와 현장에서 사용되고 있는 화학제품은 상당 부분 일치하지 않았다. 깜짝 놀라는 안전보건관리자들도 있었다. 그나마 관리를 좀 하고 있던 안전보건관리자는 사용하는 화학물질에 대한 MSDS를 모두 가지고 있다고 자부하였지만, 현실은 그렇지 않았다.

우린 함께 질문했다. 왜 이런 상황이 발생한 것일까? 답은 어렵지 않게 찾을 수 있었다. 각 부서에서는 화학물질 구매 과정에서 아무 제품이나 알아서 구매해 사용하고 있었다. 안전보건관리자에게 사전에 제품이 안전한지 묻기는커녕, 새로 구매한 제품이 있다는 것을 안전보건관리자에게 알려주지도 않는 것이 문제의 원인이었다. 실제로, 현장조사 중 안전보건관리자가 확보하지 못한 MSDS가 작업자 책상 서랍에서 발견되는 경우도 있었다. 판매자에게 제품과 MSDS를 함께 받았으나, MSDS가 안전보건관리자에게까지 전달되지 않고 현장 책상 서랍 안에 들어간 것이었다. 결국, 2013년 조사에서는 경주 9개 기업에서 사용하는 전체 제품 중 56%가 MSDS 없이 사용되고 있었다는 씁쓸한 조사 결과를 마주해야 했다. 그러나 노사가 모두 이 문제로부터 눈을 돌리지 않았기 때문에 다음 단계가 진행됐다. 변화가 시작된 것이다.

기업의 변화

화학물질 관리의 민낯을 본 후로, 노사 모두에게 화학물질 관리 필요성에 대한 공감대가 형성됐고, 2013년 9월 5일 노사는 「고독성물질 저감을 위한 노사합의문」에 사인을 했다. 핵심은 제품 구매단계에서부터 정보를 확인하여 발암물질이 있는 제품인지 아닌지 살펴보겠다는 것이다. 만약 발암물질이 있는 제품이라면 꼭 사용해야 하는지 질문하고, 더 안전한 제품을 우선 찾아보기로 약속했다.

그 후로도 경주 기업들은 현재까지 꾸준히 화학물질 관리를 위한 노력을 하고 있다. D기업은 지속적으로 부서별 제품목록을 관리하며, 화학제품 안전 구매 체계를 안착시켰다. 대부분의 제품 구매는 중앙부서(구매팀)를 통해 이루어지고(기존에는 현장에서 직접 구매하는 경우가 많았음), 구매와 함께 MSDS도 등록되는 체계이다. 특히 현장에서도 작업자들이 "등록된 제품"이라는 용어를 사용한다. H기업은 부서에서 직접 제품을 관리하기 시작했다. 부서별로 제품을 관리하는 담당자가 정해져 있고, 제품목록부터 MSDS 확보까지 담당자가 직접 관리하여 보건관리자에게 전달하는 체계이다. S기업과 I기업은 신규제품 구매 전 유해성을 검토하는 체계를 안착시켰다. 특히 S기업은 플라스틱 원료부터 모든 신규제품에 대해 현장 적용 테스트 전 단계에서 유해성을 검토한다. K기업은 불필요한 제품을 대폭 정리하며, MSDS가 없거나 구하기 힘든 제품은 아예 구매하지 않겠다는 내부 원칙을 세웠다.

발암물질, 없앨 수 있다

납땜 작업 시 사용하는 땜납 제품의 사례를 대표적인 대체 사례로 꼽을 수 있다. 땜납은 접착성 등 기술적 이유로 납이 꼭 함유돼야 하는 경우를 제외하고, 보전/공무/금형과 같은 생산지원 부서에서 사용되고 있는 유연 땜납을 무연 땜납(주석이 주요 성분)으로 대체했다. 탭핑유의 대체 건도 모범적인 사례이다. 탭핑유는 화학제품 시장에서 가격과 관계없이 고독성 물질(TCE, 디클로로메탄, 1,2-디클로로프로판 등 염소계 유기용제)이 함유되지 않은 것이 없어 대체가 불가능한 상태였다. 그러나 현장 작업자들이 탭핑유가 아닌 다른 금속가공유를 사용하거나 아예 오일을 사용하지 않는 방법을 제안했고, 실제로 일부 사업장에서는 탭핑유 대체에 성공했다. 현장 작업자들의 경험과 노하우가 있었기에 가능했다. 경주의 자동차 부품 제조기업들은 자동차 부품의 관점에서는 제조자이지만, 화학물질의 경우에는 소비자에 해당한다. 경주의 기업들은 발암물질 조사사업을 통해서 사용하지 않아도 되는 위험제품을 사용하는 것은 기업과 노동자 모두에게 이롭지 않다는 인식을 갖게 됐고, 그간 사용해오던 고독성물질을 보다 안전한 제품으로 대체하기 위한 노력을 꾸준히 하고 있다.

과거에 기업들은 노동조합에서 발암물질 이야기를 꺼내면 '임금 올려달라고 건수를 준비했구나' 하고 생각했다. 하지만 경주에서 발암물질은 노사가 공동으로 대처해야 하는 중요한 문제로 위상이 달라졌다. 기업이 노동조합의 진정성을 이해하고 그 노력을 존중하면서 함께하려고 하니, 그동안 아무 생각 없이 사용했거나, 대체가 불가능할 것이라고 지레짐작했던 발암물질 함유 제품들이 사라지기 시작했다.

모든 노동자가 발암물질로부터 안전해지는 길

이제 금속노조 경주지부 9개 기업의 노동자들은 발암물질의 위험으로부터 어느 정도 벗어났다고 할 수 있다. 적어도 이들은 자기가 사용하는 제품에 발암물질이 있는지 없는지 확인했고, 안전한 물질로 대체했고, 어쩔 수 없는 경우에는 철저한 관리하에 사용하기로 했다. 그러나 경주에는 9개 기업만 있지 않다. 9개 기업은 경주 곳곳에 흩어져 있는데, 이 기업들과 담벼락을 마주한 다른 기업들에서는 여전히 발암물질이 사용되고 있다. 굳이 사용하지 않아도 된다고 9개 사업장에서 판단하고 사용을 중지한 물질들이 아주 '소중하게' 사용되고 있다. 어떻게 하면 경주의 모든 사업장, 아니 우리나라의 모든 사업장에서 발암물질을 사용하지 않게 만들 수 있을까?

암에 걸려 죽으라고 자신의 직원에게 일부러 발암물질을 사주는 기업은 없을 것이다. 다만 기업의 이익 외에는 관심이 없어서 자신의 직원이 발암물질을 사용하다 죽는지도 모르는 기업은 있을 수 있다. 가격이 저렴한 것만 찾다가 발암물질을 사주는 기업, 당장 눈에 보이는 위험이 없으니 위험하지 않을 것이라고 믿는 기업들이 있을 것이다. 우리는 이런 기업들을

'직원을 소중히 여기지 않는 기업'이라 불러야 한다. 우리나라의 모든 노동자들이 자신이 사용하는 제품에 발암물질이 있는지 기업에게 물어볼 수 있으려면, 발암물질이 들어 있는 제품을 다른 안전한 제품으로 교체하자고 의논할 수 있으려면, 그 무엇보다 필요한 것은 기업이 노동자를 존중하는 것이다.

2부

죽음도 차별받는 현장

국가는 노동자를
어떻게 존중해야 하는가

빛을 만드는 노동자들의 어둠

이윤근

한 청년 노동자의 죽음

2018년 12월 10일 22시 40분경 한 청년 노동자가 일터에서 죽임을 당했다. 공기업인 태안화력발전소의 하도급 업체 중의 하나인 한국발전기술(주)에 소속된 24세 하청 노동자 故 김용균이다. 석탄이송용 벨트컨베이어를 점검하던 중 벨트와 롤러 사이에 끼어 사망했다.

여기까지만 보면 이제 흔해서 일상처럼 여겨지는, 한 노동자의 사망 사건에 불과하다. 적어도 노동일 기준으로 하루에 8.6명씩* 산업재해로 죽어나가는 대한민국 사회에서는 그렇다. 한국 사회에서는 1일 8시간 노동을 기준으로 한 시간에 한 명 꼴로 빈번하게 사망 재해가 발생하니 말이다.

그러나 김용균의 사망 소식이 알려지면서 많은 사람들이 태안으로, 광화문으로, 촛불을 들고 모여들었다. "내가 김용

---

* 2018년 산재사망자 2,142명을 8시간을 기준으로 한 연평균 노동일(249일)로 나눈 값이다.

균이다!"를 외치면서 말이다.

왜 그렇게 많은 사람들이 분노하고, 슬퍼하고, 스스로를 김용균이라고 생각했을까? 노동 시간을 기준으로 매 시간마다 반복되는 노동자의 일상화된 죽임인데 말이다.

그는 석탄 컨베이어 현장 운전원으로 근무했다. 그는 단지 5일간의 기초교육만 받고서 홀로 어둡고 위험한 야간 벨트컨베이어 점검 작업에 투입됐다. 입사 3개월 차에 밤에 홀로 벨트컨베이어를 점검하러 현장에 나갔던 건강한 노동자는 다음 날 새벽에 머리와 몸통이 분리된 시신으로 발견됐다. 고인이 소지하고 있던 휴대폰은 플래시가 켜진 채 불빛이 위를 향한 상태로 놓여 있었다고 한다. 작업용 랜턴도 없이 휴대폰 플래시를 조명등으로 사용하고 있었던 것이다. 이러한 내용들은 특조위 보고서에도 실려 있다.

그가 죽임을 당할 수밖에 없었던 환경을 보면 정의가 철저히 무시된 이른바 노동환경의 부정의不正義, 불평등의 문제가 그대로 드러난다. 그는 최소한의 안전도구인 랜턴도 없이 깜깜한 어둠 속에서 휴대폰 불빛에 의지한 채 (인원 부족으로) 홀로 일하다가 참변을 당했다. 위급한 상황일 때 작동돼야 할 최후의 생명줄인 안전스위치는 무용지물이었다. '이러다간 죽을 수 있겠다'며 수차례 대책을 요구한 노동자들의 목소리는 무시됐다. 그는 죽음의 일터인줄 뻔히 알면서도 사지로 내몰린 것이다. 즉, 그는 사고를 당한 게 아니라 죽임을 당한 것이다. 그의 죽음은 노동환경의 부정의와 불평등이 낳은 명백한 살인이다.

그동안 노동환경에서 정의에 반하는 부정의 혹은 불평등 문제가 일어날 때마다 많은 사람들이 분노했고, 추모했으며, 개선을 요구했다. 매번 반복되는 우리 사회의 구조적인 문제점들이 개선되지 않는다면 사랑하는 가족이, 같이 일하는 동료가, 아니 자기 자신이 또 다른 김용균이 될 수 있기 때문이다. 그래서 분노한 사람들이 차가운 아스팔트 위에 모인 것이다.

많은 사람들이 요구했다. 김용균 사망사고의 진상규명과 재발 방지를 말이다. 그러니 지금부터는 한 청년 노동자의 죽음을 불빛으로 삼아 어두운 발전노동자들의 노동환경 문제를 들여다보고자 한다.

어둠 속에서 일하는 노동자들

고인이 사망한 지 석 달여가 지난 2019년 4월 1일에 '고 김용균 사망사고 진상규명과 재발방지를 위한 석탄화력발전소 특별노동안전조사위원회'(이하 '김용균특조위')가 출범했다. 많은 우려와 기대 속에서의 출범이었다. 나는 안전기술분과장으로 참여하여 열악한 작업환경의 문제점을 분석하는 역할을 담당했다.

김용균 특조위의 활동 목적은 사고의 진상규명과 재발방지 마련이지만 이에 접근하는 전략은 아주 명확했다. 김용균 특조위 최종 보고서에 다음과 같이 기록하고 있다.

우리는 더 이상 안전사고의 결과인 피해 당사자에게 책임을 전가하는 우를 반복해서는 안 된다. 불안전한 행동이 있으면 반드시 그 행동을 하게 하는 조건과 원인이 존재하게 된다. 안전사고가 발생한 현장의 작업조건과 그 작업조건을 만들어낸 구조적이고 심층적인 원인들을 차례로 들여다보아야 한다. 조직 구조와 변천, 고용, 노동인권, 안전보건, 설비기술, 안전보건관리시스템, 노동자 참여권, 정책과 법제도에 걸쳐 입체적으로 조사하고 분석할 필요가 있다

— 특조위 보고서 중에서

김용균 특조위가 출범한 지 3일째 되는 날 사고 현장인 태안화력발전소를 방문했다. 사고 현장을 둘러본 위원들의 마음은 너무도 암울하고 깜깜했다. 특조위 보고서는 당시 상황을 이렇게 기록하고 있다.

일터는 깜깜했습니다. 예상을 뛰어넘었습니다. 위원회의 심정도 깜깜했습니다. 위원회는 그렇게 암울하게 시작했습니다.   — 특조위 보고서 중에서

전체적으로 사무실을 제외하고는 거의 모든 현장이 너무 어둡고 칙칙해서 분위기 자체가 삭막하고 암울했다. '전기를 생산하는 공장이 왜 이렇게 어둡지?' 하는 생각이 들었다.

미국의 경우 컨베이어 통로의 조명 기준*은 110럭스이다. 그러나 실제 발전소 설비의 점검 통로를 보면 상당수가 이에 훨씬 못 미치는 30럭스 이하였다. 30럭스 정도면 어두운 복도 정도의 밝기로 기계의 세부적인 구조를 파악할 수 없는 수준이다.

2019년 한국전력통계정보시스템에 공개된 우리나라 총 발전설비 용량을 기준으로, 전기 생산의 약 30%는 석탄 발전소가 담당하고 있다. 대한민국에서 필요로 하는 전력의 30% 이상을 생산하는 최일선의 발전소 노동자들은 아이러니하게도 어둠 속에 일하고 있는 셈이다.

작업장 내 조명은 위험성 평가에서 가장 먼저 검토돼야 할 기본 중의 기본이다. 어두운 환경에서 사고율이 높기 때문이다. 전기를 생산하는 발전소의 작업 현장이 어두운 조명 때문에 위험에 방치되어 있다는 사실이 우리나라 안전보건의 현실을 그대로 보여주는 것 같아 더욱 암울했다.

발암물질에 노출되는 노동자들

석탄발전소에서 원료로 사용하는 유연탄에는 '결정형 유리규산'이라는 1급 발암물질이 함유되어 있다. 이 물질은 진폐증

---

* U.S. Army Corps of Engineers, "Safety and Health Requirements Manual", EM385-1-1, 2014.

이나 폐암의 원인물질로 세계보건기구에서 발표한 석면과 동급인 1급 발암물질이다.

석탄은 화력발전소의 전부라 말할 수 있다. 처음 연료의 하역에서부터 컨베이어벨트를 통한 이송과 분쇄, 그리고 보일러에서 연소 과정을 거쳐 최종적으로 석탄재로 남게 되는 모든 공정에서 고농도의 석탄 가루와 석탄재가 발생한다.

석탄이 석탄재로 변화하는 과정에는 엄청난 비밀이 숨어 있다. 보일러에서 연소되기 전 석탄에는 3% 내외의 결정형 유리규산이 함유되어 있다. 그러나 석탄은 연소 과정을 거치면서 다량으로 함유된 휘발성 물질과 기타 탄화물질들이 날아가고(이때 벤젠과 같은 발암물질이 발생한다), 찌꺼기인 석탄재만 남게 된다. 이 과정을 거치면서 유리규산은 더욱 농축되어 그 함량이 60% 정도로 엄청나게 증가하게 된다.

마치 타고 남은 연탄재와 같은 원리이다. 실제 연탄재에도 높은 함량의 결정형 유리규산이 문제되어 이를 치우는 청소노동자에 발생한 폐암이 직업병으로 인정된 사례도 있다. 안도현 시인의 「너에게 묻는다」라는 시에는 '연탄재 함부로 차지 마라'는 구절이 있다. 보건학적 관점에서 보더라도 정말로 연탄재를 함부로 차서는 안 되는 것이다.

특조위 보고서에 의하면 발전설비를 운전하는 하청업체 노동자들의 5년 동안의 폐기능을 비교한 결과 약 10%에 달하는 큰 폭으로 폐 기능이 감소한 것이 확인됐다. 문제는 지금까지 이러한 위험한 상황을 어느 누구도 알려준 적이 없었다는 사실이다. 그뿐만 아니라 위험성을 추정할 수 있는 결정형 유리규산에 대한 작업환경 평가가 거의 이루어지지 않았고, 마스크는 규정에 맞지 않은 저급한 것이 지급됐다.

석탄재의 발암물질은 여기서 그치지 않는다. 발전소에서 가공 처리된 석탄재는 시멘트, 콘크리트, 벽돌의 혼화재로 사용된다. 이 과정에서 석탄재를 운반하는 화물 노동자들과 시멘트나 벽돌을 제조하는 노동자들도 발전소 노동자들과 동일한 위험에 노출될 수 있다. 즉, 결정형 유리규산은 발전소만의 문제가 아니라 광산, 건설, 석재, 도자기, 유리, 주물, 시멘트, 레미콘 공장 등 수많은 노동자들이 노출될 수 있는 심각한 문제다.

이러한 노동자들 중에서 폐암 환자가 나온다 하더라도 전혀 놀라운 일이 아니다. 실제 이러한 작업에 장기간 노출된 사실만 입증하면 폐암이 직업병으로 인정되는 것은 어렵지 않다. 석탄재에 함유된 발암물질은 발전소 노동자들만의 문제가 아니라 대한민국 전역의 수많은 노동자들의 문제인 셈이다.

방치되고 있는 그림자 노동자들
발전 설비는 24개월마다 가동을 중지하고 대대적인 정비작업을 한다(이를 오버홀overhaul 작업이라 한다). 이 작업은 일종의 계획 정비로 일정한 주기에 따라 이루어지기 때문에 대부분 외부 하청업체에 의해 진행된다. 따라서 이 일에 투입되는 노동자들은 상당 부분 일용직 플랜트 노동자들이다.

화력 발전소에서 가장 열악한 작업환경을 꼽으라면 당연히 보일러 정비 작업이다. 왜냐하면 커다란 돔 형태로 만들어진 밀폐된 보일러 내부에서 석탄재 찌꺼기를 제거하는 작업이 이루어지기 때문이다. 우리의 전통적인 난방 형태인 온돌을 예로 들면, 불을 때는 아궁이와 구들장과 굴뚝을 모두 점검하고 그 안에 있는 축적된 먼지와 온갖 찌꺼기들을 깨끗이 청소하고 수리하는 일이다. 이 과정에서 1급 발암물질인 결정형 유리규산과 온갖 중금속들이 포함된 먼지가 앞을 가릴 정도로 뿜어져 나온다.

나는 이 과정에서 문제되는 발암물질 농도를 측정하기 위해 가동이 정지된 보일러 내부로 들어갔다. 그곳은 한 사람이 겨우 들어갈 수 있는 조그마한 구멍(완전 밀폐된 곳이나 작업자와 자재 반입을 위해 임시로 뚫어 놓은 것) 외에 사방이 막힌 어두컴컴하고 커다란 밀폐 공간이다. 앞이 안 보일 정도로 발암물질이 흩날리는 그곳에서 노동자들은 마스크 하나에 의지한 채 말 한마디 없이 묵묵히 일하고 있었다. 마치 어두운 굴 안에서 부지런히 오가며 일사분란하게 움직이는 일개미처럼 말이다.

나는 그 지옥 같은 곳에서 30분을 견디지 못하고 탈출하듯이 빠져나왔다. 아니 '도망쳤다'는 말이 정확한 표현이다. 그동안 수 차례의 수술로 인해 호흡기장애를 가지고 있었던 나로서는 더 이상은 견디기가 어려웠다. 그러나 열심히 일하는 노동자들을 뒤로 한 채 힘들다는 핑계로 홀로 빠져나온 그때를 생각하면 지금도 먹먹해지고 죄송스럽기만 하다. 그래서일까? 지금도 발전노동자들 이야기만 꺼내면 눈물이 나온다. 글을 쓰고 있는 지금도 눈물이 난다.

눈물이 나오는 이유는 단순한 미안함과 회한 때문만은 아니다. 작업복과 모자와 마스크로 온몸을 감싼 채 땀 흘려 일하는 그들의 모습이 안쓰러워서도 아니다. 전문가로서 무능력한 나 자신 때문이다. 지금껏 30년 이상 수많은 작업 현장을 돌아다니면서 노동자들을 만나고 작업환경의 위험성을 이야기하고 들어주는 일들을 해왔음에도 불구하고, 얼굴 없는 노동자들, 일용직 플랜트 노동자들을 만난 그때는 아무 말도 못했다. 말 한마디 들어주지도 못했다. 어찌 보면 그러한 열악한 환경에 대해 깊게 알려고 노력하지도 않았다. 아니 외면했는지도 모른다. 지금도 나 자신이 미울 만큼 그때 일이 후회스럽다.

대정비 작업에 투입되는 상당수의 작업자들은 일용직 플랜트 노동자라는 이유로 어느 누구로부터도 마땅한 관심을 받지 못하고 방치되어 있다. 이들은 어디에도 흔적이 없는 '그림자 노동자'로 취급받고 있는 셈이다. 어느 특정 발전소만을 생각하면 이들 노동자들은 적게는 며칠에서 많게는 수주 동안만 일하고 떠나기 때문에 정말로 흔적도 없는 그림자 노동자들이다. 그러나 노동자 입장에서 보면 일 년 내내 전국의 발전소를 돌아다니면서 발암물질에 상시적으로 노출되기 때문에 그 어떤 노동자들보다 열악한 상황에 놓여 있다고 할 수 있다. 그럼에도 이들의 작업 환경에 대해서는 그 누구도 평가하려 하지 않으며, 작업 이력 또한 제대로 관리되지 않고 방치되고 있다.

죽음도 차별받는 하청 노동자들

김용균이 하청 노동자로 일했던 태안발전소는 상주 인력을 기준으로 총 2,479명(2019년 4월 기준)의 노동자들이 근무한다. 이중 1,279명(51.6%)은 9개 협력업체에 소속된 하청 노동자로 주로 연료 환경 설비의 위탁운영과 발전설비의 경상정비 등을 도맡아 한다.

2014~2018년 국내 5대 발전사(한국남동발전·서부발전·중부발전·남부발전·동서발전)에서는 20명의 산재 사망자가 발생했다. 안타깝게도 모두가 하청 노동자들이다. 옆의 표에 정리한 것처럼, 발전사의 산업재해 실태를 사상자(부상자+사망자)로 확대해서 보면 재해자의 90% 이상은 모두 하청 노동자들이다. 일하다가 다치거나 죽는 사람은 대부분이 하청 노동자인 셈이다.

왜 이렇게 하청 노동자들의 산재 사망률이 높게 나오는 걸까? 실제로 하청 노동자들이 위험한 작업을 도맡아 하고 있기 때문일까? 그럴 수도 있겠다는 생각을 했었다. 적어도 특조위 활동을 하기 전에는 그랬다. 그러나 특조위는 믿기 어려운 자료를 공개했다. 바로 하청 노동자들의 목숨 값에 차별이 존재한다는 자료다. 발전회사 내부에 존재하는 '경영실적평가 지

표. 2014~2018년 발전사 하청 노동자 재해 현황 (출처: 국회 우원식 의원실)

발전사	한전	한수원	남동발전	서부발전	중부발전	남부발전	동서발전
총재해자수	562	218	59	44	39	147	48
자사	24	18	6	2	1	0	1
협력사	538	200	53	42	38	147	47
협력사 비율	95.7	91.7	89.8	95.2	97.4	100.0	97.9

표'를 보면 사망재해가 발생할 시 '신분별 감점계수'라는 게 존재한다. 중부발전의 감점계수를 보면 원청 직원은 사망자 1인당 감점계수가 12점인 반면, 하청 노동자는 4점에 불과하다. 믿기 어렵지만 하청 노동자 3명의 목숨 값과 원청 직원 1명의 목숨 값을 동일하게 보고 있는 것이다. 신분제도가 있었던 조선시대나 있을 법한 생명의 가치에 대한 차별이 존재했던 것이다.*

바로 어느 누구도 책임지지 않으려는 원하청 구조와 목숨 값에도 차별을 두는 조잡한 자본의 인식이 하청 노동자들을 죽음으로 내몬 것이다.

이제는 원하청 구조에 따른 위험의 외주화가 이러한 노동 환경의 불평등한 문제의 근본 원인이라는 사실을 인정하고 개선해야 한다. 뿐만 아니라 사업주 잘못으로 인해 발생한 중대

---

* 특조위 발표 이후 이 차별적 감점제도는 폐지됐다.

재해에 대해서는 중대재해처벌법에 근거한 엄중한 처벌이 이루어져야 한다. 그 어떤 것도 노동자의 소중한 목숨보다 우선일 수 없기 때문이다. 그래야만 또 다른 김용균이 나타나는 비극을 막을 수 있다.

대부분의 사람들은 자신과 관계없는 노동에 대해 알려고 하지 않는다. 화려함에 감춰진 공기업 하청 노동자들처럼 말이다. 아니, 내 일이 아니라고, 내 가족과는 관계없는 일이라고 외면한다. 외면하는 노동은 보이지 않는다. 눈에 보이지 않으면 그 속에 감춰진 노동자들의 고통은 알 수 없다. 그러나 감춰져온 노동자들의 고통이 이제 조금씩 보이기 시작한다. 아니, 이제는 보려고 노력하는 사람들이 많아졌다.

지금까지는 이러한 일들이 노동자의 희생을 통해서만 드러날 수 있었지만 앞으로는 반드시 우리 스스로가 보고, 느끼고, 행동하는 사회가 되기를 희망한다.

경사 난 대한민국 영화 시장의 이면

한인임

2020년 초 코로나 19 바이러스와 영화 〈기생충〉이 팬데믹을 가져왔다. 이 둘은 닮은 것 같다. 세계적 유행을 만들어낸 것도 그렇고 엄청난 불편함을 주는 것 또한 마찬가지이다. 영화가 이미 2019년 칸 국제영화제에서 황금종려상을 받고 아카데미 영화제 6개 부문 수상 후보에 오른 것만으로도 흥분을 감추기 어려웠다.

   2019년은 1919년에 단성사에서 〈의리적 구토〉라는 연쇄극kino drama이 첫 상연한 지 100년이 되는 해이기 때문에 더욱 그랬다. 우리나라 영화가 100년 사이 이렇게 큰 성장을 하게 된 것에 마냥 고마운 마음이 들었다.《프레시안》에 따르면 한국 영화 시장에서 한국 영화의 점유율은 2001년 50% 가까이 올라간 후 2006년에는 60%를 넘기기도 했다고 한다. 이후에도 대체로 과반을 유지하고 있다. 자국영화 점유율이 50%를 넘는 나라는 미국을 제외하면 인도, 이집트, 터키, 중국, 한국뿐이다. 영화사에 중요한 족적을 남긴 러시아(23%), 프랑스

(36%), 일본(46%), 독일(24%)의 자국영화 점유율은 절반에도 못 미친다.*

하루아침에 이런 변화가 있었을 리 만무하고 결국 해당 분야 종사자의 노고와 국가 차원의 물심양면 정책적 지원이 있었을 것이다. 그러나 께름칙하다. 마냥 좋아하고만 있을 수는 없는 상황이 있기 때문이다. 내가 만난 영화 스태프들 이야기다. 처음에는 영화가 너무 좋아서, 그리고 감독까지 한 번 가보자는 생각을 품고서 이 시장에 발을 들여놨지만 나이가 들어가고, 경력이 쌓일수록 영화판은 빨리 떠나는 게 상책인 곳이라는 사실을 뼈저리게 느낀다는 것이다. 주변에서 떠나는 것을 보면서도 아무런 선택을 못하는 자신을 자책하기도 한다. 무엇이 이들의 예술혼을 뺏는 기제가 되는가?

1년 안에 무조건 일거리가 사라지는 영화 제작 시장

영화를 제작하는 데 있어 개발 단계를 제외하고 실제 제작에 소요되는 기간은 최소 30주에서 최대 40주라고 한다.** 최대로 참여한다 하더라도 1년(52주)을 채우지 못할 뿐 아니라 촬영, 조명, 미술, 소도구, 세트, 의상, 헤어 및 메이크업, 동시녹음, 무술, 특수효과팀 등은 포스트 제작 단계에는 참여하지 않

---

*   "한국 영화 100년, 이대로는 미래 어둡다", 《프레시안》, 2019년 11월 1일자.
** 국가인권위원회, 「문화·예술·스포츠 등 특수산업 비정규직 인권상황 실태조사」, 2011.

기 때문에 일하는 기간이 10~14주 더 짧아지게 된다. 일거리를 잡더라도 반 년 정도만 일하는 상태가 되는 것이다. 그렇다면 빠르게 다음 영화를 찾아야 하지만 그게 쉽지 않다. 이들 영화 스태프는 그야말로 단기 계약직 노동자이다.

월소득 100만 원이 안 되는 임금

고용이 불안정하면 임금이라도 잘 받아야 이직을 하는 과정에서 발생하는 생활비를 감당할 수 있다. 그런데 조사 결과 최저임금 수준에 못 미치는 임금을 받는 사람의 규모가 약 36%인 것으로 나타난다.* 이 조사는 매년 진행되는 조사이나 일을 하고 있을 때 받는 임금을 중심으로 조사가 됐다면 실직 기간 중에는 임금이 전혀 없기 때문에 연소득을 확인하는 것이 필요하다. 만약 수입이 있을 때의 소득을 평균했다면 이 결과치의 소득도 과도하게 산정되었을 가능성이 있다. 게다가 16%의 응답자는 임금 체불 경험을 가지고 있다. 이것도 그나마 매년 꾸준히 감소한 결과이다. 2014년만 해도 34%의 응답자가 임금 체불을 경험한 것으로 나타났다. 내가 만났던 스태프들은 항상 있는 일이라고 했다. 영화가 중간에 엎어지는 경우도 있기 때문이란다.

---

* 한국콘텐츠진흥원, 「2019 대중문화예술산업 실태조사 결과 발표」, 2020.

상습적인 장시간 노동

전국영화산업노동조합에 따르면 영화 스태프가 겪는 업무상 위험요인으로 가장 높은 응답률을 보인 사항이 '수면 부족'인 것으로 나타났다. 다음으로 옥외 촬영 등으로 인해 폭염이나 추위에 노출되는 문제, 세 번째로 무거운 물건을 운반하는 문제를 지적하고 있다.

수면 부족을 불러오는 원인은 여러 가지가 있다. 스트레스를 많이 받거나 코골이가 있거나 야간노동을 하거나 장시간 노동을 하는 경우이다. 전국영화산업노동조합의 2019년 조사*에 따르면 영화 스태프의 하루 평균 노동시간은 약 12시간(11.72시간), 주당 평균 근무일수는 5.2일, 1주 평균 노동시간은 약 61시간(60.93시간)으로 과로노동에 시달리는 것으로 나타났다. 법정 노동시간인 주52시간을 넘는 노동자가 80%에 이른다. 1주 평균 노동시간이 60시간을 넘으면 야간노동을 안 해도 뇌심혈관계 질환이나 정신 질환이 올 수 있고 산업재해 보상 대상이 된다. 게다가 52시간을 넘으면서 야간노동을 하게 되면 이 또한 산업재해 보상 대상이 된다. 이 조사에 따르면 근무와 근무 사이에 평균 휴식시간이 9.17시간으로 나타나는데 이는 근무와 근무사이의 최소 휴식 기준인 11시간에 미치지 못하는 수치이다.

이런 상태로 운전을 해 지역의 촬영지까지 가게 되면 교통

---

* 전국영화산업노동조합, 「영화 스태프 안전보건 실태조사 연구보고서」, 2019.

사고 발생 가능성이 당연히 높아질 수밖에 없다. 이 때문에 스태프들은 교통사고 위험도 크게 느끼고 있는 것으로 나타났다. 이들은 드라마 촬영의 경우 운전만을 전담하는 스태프가 따로 존재하는 것을 매우 부러워했다.

건설 노동자보다 못한 안전조치

영화제작 노동자들은 다양한 환경에 처한다. 우선 옥외촬영인 경우 더위나 추위와 싸워야 한다. 굳이 안 싸우면 좋겠지만 휴게공간이 따로 마련되어 있지 않은 경우가 대부분이라 싸워야만 한다. 폭발 장면이나 레커차를 이용한 차량 촬영 장면이 있는 경우에도 보호구 없이 투입된다. 세트를 짓게 되면 높은 곳에도 올라가야 하지만 역시 제대로 된 장비나 보호구가 제공되지 않는다. 12시간을 서서 찍어야 하지만 의자는 감독에게만 제공되는 수준이다. 이들의 업무환경과 노동방식은 건설 노동자와 크게 차이가 없어 보인다. 그러나 건설 노동자들은 휴게공간도 제공되고 보호구 또한 당연히 제공돼야 한다. 그 이유는 건설업과 조선업의 경우 '산업안전보건관리비'라는 예산이 공사금액에 필수적으로 계상돼야 하기 때문이다. 영화제작 노동자들은 이런 대상이 아니다.

무거운 장비를 다루고 세트를 세우는 작업은 현행법에서 규제가 작동하고 있다. 25kg 이상은 하루에 10회 이상 들어서는 안 되고 5kg 이상도 가능하면 사람의 힘으로 들지 말고 다양한 기구나 설비의 도움을 받도록 되어 있다. 이토록 전반적인 안전관리가 안 되는 이유에 대해 노동자들은 현장이 자꾸 옮겨지기 때문에 관리가 어렵다고 이야기하지만 한국 영화의 경쟁력을 높이기 위해 스태프의 안전을 고려하는 것은 매우 중요하다. 아름다운 작품인 한 편의 영화가 영화 스태프 노동자의 건강과 안전을 담보로 만들어졌다면 이를 감상하는 영화 팬들은 얼마나 가슴이 아프겠는가.

tvN의 드라마〈혼술남녀〉를 재미있게 봤더랬다. 그런데 조연출이 자살을 했다. 이한빛. 그의 사망 소식을 접한 후 나는 더 이상 그 드라마를 보지 않았다. 제작사인 CJ ENM에 대한 분노 때문이었다. PD로서의 그의 업무는 스태프를 밥 먹듯 해고하거나 볶아대는 것이었고, 일방적으로 계약해지된 외주업체 계약금을 환수하는 일도 했다고 한다. 그는 서너 시간 밖에 못 자면서 그러한 일들을 해야 했고, 그래서 날마다 고통스러워했다고 한다. 작품을 만드는 게 아니라 가학행위를 통해 해결사 노릇을 해야 했기 때문이다. 이는 명작을 기다리는 팬들에게 모욕적인 일이다. 내가 즐기는 작품이 이런 몹쓸 짓의 결과로 만들어졌다면 난 향유하지 않을 것이다.

여성 영화인에게 더욱 가혹한 영화제작 현장
최근 문화체육부에서 '예술인의 지위 및 권리보장에 관한 법률' 제정을 결의했다고 한다. 영화계에 미투 운동이 가져온 성과이다. 2019년 개봉한 〈우먼 인 헐리우드〉라는 영화는 헐리우드에서도 불고 있는 미투 운동의 영향으로 제작됐다고 하는데 그 내용이 충격적이다. 그런데 국내 영화제작 현장을 들여다보니 다를 게 없는 것으로 나타난다. 영화의 소비에서는 양성의 차이가 크게 없는데 제작은 압도적으로 남성이 많이 한다.

이런 현상이 낳는 문제는 소수자인 여성이 노동시장에 진입하기도 어렵고 성장하기는 더더욱 어려울 수 있다는 점이다. 또한 여성이 남성 중심 시나리오의 주변인으로 위치 지어지거나 심지어 성적인 대상으로밖에 주목받지 못하는 역할을 맡게 되는 등의 문제를 낳을 수 있다. 그러나 이에 대한 조직적인 문제 제기는 기대하기 어렵다. 소수이기 때문이다. 이렇게 된다면 관객도 의도하지 않게 이런 시나리오가 갖는 이데올로기를 자연스럽게 수용하게 되는 악순환이 발생할 것이다.

제2, 제3의 봉준호, 이정은을 기다리며

영화 제작은 영화 산업에서 가장 근본적인 단계이지만 거대 지배자는 극장이다. 그 다음이 배급사이다. 우리나라는 이 현상이 더욱 극심한 것으로 나타난다. 즉, 3대 자본(롯데·롯데시네마·롯데엔터테인먼트, CJ·CGV·ENM, 중앙일보·메가박스·플러스엠)이 극장과 배급사를 함께 가지면서 한국 영화판을 쥐락펴락하고 있다. 그러니 돈 된다는 작품만 거는 거다.

다양성과 새로운 시도가 먹히기 어려운, 블록버스터 아니면 독립영화로 갈리는 양극화의 길을 걷고 있다. 이런 독점화는 결과적으로 소비자에게는 선택권의 제한을, 재능 넘치는 중소형 규모의 영화 제작자들에게서는 기회를 빼앗고 있는 것이다. 독점 기업은 독점이니까 제작비를 깎으려 안달이고 중소형 기업은 시장 진입조차 어려워 깍이고 깎이다가 안 되면 엎어진다. 독립영화 쪽은 아예 '열정 페이'로 움직인다. 이러니 영화제작 현장이 이 지경인 것이다.

처음부터 거장으로 인정받는 배우나 감독은 없다. 훈련되고 부대끼고 경험을 가지면서 성장해가는 것이다. 그럴 수 있는 조건을 만들어내는 것이 한국 영화를 발전시켜가는 촉매제가 될 것이다. 이를 위해서는 작품을 하고 싶어 하는 젊은 예술가들, 스태프들에게 인간다운 최소한의 보호장치가 필요하다. '예술인 지원법' 같은 것이다. 프랑스에서는 '엥테르미탕 Intermittent'이라는 예술인 실업급여제도가 있는데 비정규직 공연·영상 예술인 및 노동자 들이 일정한 근로 시간을 충족하면 실업급여를 주는 최저 생계 보호제도이다.

불안정 고용의 문제를 우선 해결할 수 있도록 하고 적절한 휴식을 제공해야 한다. 뿐만 아니라 추락, 폭발, 화재 등의 위험이 있는 촬영에서는 충분한 보호장치나 장비가 제공돼야 한다. 그리고 '표준계약서'의 작성이 무엇보다 중요하다. 이 표준계약서는 노동시간과 임금을 분명히 합의하는 근로계약서와 같은 것이다.

한류韓流가 한창이다. 모쪼록 속도 겉도 아름다운 한류가 되었으면 좋겠다. 속을 들여다보기 전에는 이렇게 많이 곪고 썩었는지 몰랐다. 그런데 겉은 화려하고 성공적이다. 모순적이지 않은가. 나는 수많은 예술 지향 젊은이들 속에서 제2, 제3의 봉준호 감독, 이정은 배우가 탄생하길 기다린다. 그러기 위해서는 영화 제작 과정이 더 이상 현재와 같아서는 안 될 것이다.

소방관을 쓰러뜨리는 암

김원

"소방관 8년에 암, 31세로 숨진 내 아들 공무상재해 아니라니". 2017년 11월에 《중앙일보》 사회면에 게재된 기사 제목이다. 소방관 경력 8년 동안 화재 출동 270회, 구조 활동 751회 등 현장 출동 1,000회를 넘긴 소방관이 3년 전 혈관육종암으로 사망했지만 공무상 재해로 인정받지 못한 사연을 전하는 기사이다. 당시 공무원연금공단에서는 그의 혈관육종암은 매우 희귀한 질환으로 그 발생 원인이 불명확해 공무와 직접 연관이 없다고 판단했다. 공단의 판단은 타당하다고 할 수 있을까?

소방관에게 가장 위험한 것은, 암

2017년 3월 《보스턴매거진》에 게재된 소방관에 대한 기사는 국내에서 벌어지고 있는 상황과 상당히 다른 결을 보여주고 있다. 기사 제목부터 "소방관들이 암으로 죽어가는 이유"이다. 기사와 함께 게재된 사진에는 39살의 나이에 폐암을 진단받은 현직 소방관이 독자들을 응시하고 있다. 그는 인터뷰에서 "저는 소방관이에요. 이런 일이 일어날 거란 느낌은 있었죠. 그런데 39세에 이렇게 닥칠 줄은 몰랐어요"라면서 자신에게 닥친 끔찍한 질병을 담담하게 전하고 있다. 소방총감의 인터뷰 내용은 더 심각하다. 최소 한 달에 한 번 꼴로 동료 소방관이 암에 걸렸다는 소식을 전해 듣고 있으며 지금껏 질병으로 사망한 동료들이 200여 명에 이른다고 한다. 대부분 40~45세였으며 소방 경력이 10~15년 정도일 뿐인데도 이런 상황에 처하고 있다고 호소했다.

여성 소방관이라고 해서 예외는 아니다. 2018년 2월, 《NBC 뉴스》에 게재된 기사에 의하면 샌프란시스코 소방국에 근무하는 40~50대의 여성 소방관들 중 15%가 유방암 진단을 받았으며 이는 전국 대비 6배나 높은 비율이었다고 한다. 샌프란시스코 소방국 관계자에 따르면 여성 소방관들이 유방암으로 진단되는 비율이 매우 놀라운 속도로 증가하고 있다고 한다. 전문가들은 여성 소방관들에게서 나타나는 유방암의 높은 발생 비율이 어떤 원인에 의한 것인지를 찾으려는 연구를 설계하고 있다.

《보스턴매거진》에서는 보스턴 소방관으로서 겪게 되는 가장 큰 위험은 더 이상 화마에 휩싸이거나 무릎이 깨지는 것이 아니고 바로 암에 걸리는 것이라고 진단하고 있다. 최근에 미국산업안전보건연구원NIOSH에서는 전·현직 소방관 약 3만 명을 대상으로 대규모 역학조사를 실시했으며 그 결과를 2014년에 논문을 통해 발표했다.* 역학 조사 결과에 의하면 소방관들의 암 발생율과 암에 의한 사망률이 일반 인구에 비해 높게 나타나고 있었다. 즉, 암이 소방관들의 건강에 영향을 미치는 중요한 요인임을 확인시켜주고 있다. 특히, 소화기계와 호흡기계에서 높은 비율의 암 발생율과 사망률이 확인됐다고 한다. 또한 석면 노출로 인해 나타날 수 있는 중피종의 발생과 사망률 역시 현저히 높게 나타났다고 한다.

우리나라에서도 이와 비슷한 연구 결과가 비슷한 시기에 발표됐다. 예를 들어 안연순과 정경숙의 연구(2015년)** 에 의하면 1980년부터 2007년 사이에 긴급 대응요원emergency responder으로 근무한 경험이 있는 33,442명의 남성들의 사망률을 비교한 결과 20년 이상 소방관으로 근무한 경력이 있는 사람들이 10년 미만의 경력 혹은 소방관이 아닌 사람들에 비해 모든 원인에 의한 사망률, 모든 암에 의한 사망률, 그리고 사지 상해, 중독 및 외부 요인으로 인한 사망률 등이 통계적으로 유의하게 증가했다고 한다.

---

*   Daniels RD, Kubale TL, Yiin JH, Dahm MM, Hales TR, Baris D, Zahm SH, Beaumont JJ, Waters KM, Pinkerton LE, "Mortality and cancer incidence in a pooled cohort of US firefighters from San Francisco, Chicago and Philadelphia(1950–2009)", in *Occupational and environmental medicine*, 71(6), 388-397, 2014.

** Ahn YS, Jeong KS, "Mortality Due to Malignant and Non-Malignant Diseases in Korean Professional Emergency Responders", in *PLoS ONE*, 10 (3), e0120305, 2015.

소방관들에게 왜 암이?

사실 소방관들에게서 암이 발생하는 비율 혹은 암으로 사망하는 비율이 일반 인구에 비해 높다는 것은 최근에 이르러서야 발견된 사실이 아니다. 오래전부터 소방관들에게 다양한 유형의 암이 발생한다는 사실이 파악되고 있었다. 당연하게도 어떤 이유로 이들에게 이런 암들이 다발하게 되었는지 그 원인을 찾는 연구가 여러 측면에서 진행되었다. 가장 대표적인 것이 국제암연구소(이하 IARC)에서 수행한 평가 결과이다. IARC에서는 소방관이라는 직업이 인간에게 암을 일으킬 가능성이 있다(Group 2B)고 평가했다.

IARC는 세계보건기구의 산하 기구로서 특정 물질이나 직업 그리고 일부 산업에 대해 그것이 인간에게 암을 일으킬 수 있는지에 대해 평가하고 분류하는 기구이다. 즉, 과학적인 근거에 입각해 위험을 평가하고 그 위험의 크기에 따라 Group 1, Group 2(A/B), Group 3, Group 4 등으로 구분해서 최종 결과를 공표한다. IARC는 소방관이라는 직업을 발암 가능한 Group 2B로 분류했다. 그 이유는 무엇일까?

IARC의 평가에 의하면 소방관들은 특히 세 가지 유형의 암에 대한 상대적인 위험이 높았다. 즉 고환암, 전립선암, 그리고 비호지킨 림프종에 대한 위험이 높게 나타났다. 소방관들은 화재 진압 업무를 수행하면서 간헐적이지만 짧은 시간에 집중적으로 유해물질에 노출되는 특성이 있다. 소방관들이 노출되는 유해물질의 종류는 발암물질을 포함해 매우 다양하다. 뉴스나 실제 현실에서 마주쳤던 화재 현장을 생각해보자. 시커먼 연기가 주변 대기를 장악하고 어디에서나 매캐한 탄내가 진동을 한다. 소방관들은 이런 환경에서 사람을 구하고 재산을 보호하는 임무를 수행한다. 사람이라도 다치지 않는다면 참으로 다행이지만 진짜 문제는 예상하지 못한 시기에 나타난다.

조금 엉뚱한 이야기일 수도 있는데, 굴뚝청소부병이라는 것이 있다. 사람들에게 많이 알려져 있지 않지만 이 병은 인류 역사상 최초로 인정된 대표적인 직업병이다. 생소한 이름의 굴뚝청소부병이라는 것이 소방관들과 인연이 깊은데, 이 병에 얽힌 사연을 들여다보면 왜 그런지 쉽게 납득하게 될 것이다.

산업혁명 시기에 집단 노동의 수요가 있는 도시로 노동자들이 몰려들었다. 대부분 굴뚝이 달린 집에서 거주했고 때가 되면 굴뚝을 청소해줘야 했다. 굴뚝 안으로 들어가 청소를 해야 했기에 굴뚝청소는 대개 몸집이 작은 아이들의 몫이 됐다. 기록에 따르면 굴뚝청소를 위해 몇몇의 아이들로 구성된 도제가 형성됐고 4-5살 정도부터 도제의 막내가 되어 굴뚝청소일을 배웠다고 한다. 이런 아이들이 자라나 성년이 되면서 이상한 현상이 발견된다. 어릴 때 굴뚝청소 경험이 있었던 성년들에게서 음낭암이 다수 발생했다.

당시 많은 의사들은 매독이나 성병으로 의심했다고 한다. 하지만 외과의사 퍼시벌 포트Percival Pott는 굴뚝에서 노출된 검댕이 이들이 겪게 된 병의 원인이었을 것으로 추정했다. 요즘

말로 역학조사를 통해 인과관계를 주장한 최초의 사례이기도 하다. 유럽 내 다른 나라들과는 달리 특히 영국에서 유독 이런 질병이 다수 발생됐다고 한다. 그 이유는 굴뚝을 청소하는 아이들이 벌거벗은 채로 일을 하거나 옷을 걸쳤더라도 헐렁한 셔츠나 바지를 입고 일하면서 굴뚝의 검댕에 직접 노출될 수밖에 없었기 때문이다. 게다가 위생 관념이 거의 없던 시기였고 그럴 만한 형편도 되지 못했던 아주 가난한 집안의 아이들이나 고아원의 아이들이 주로 굴뚝청소를 했던 상황이 질병에 걸릴 위험을 더욱 키웠다.

실제로 분석과학이 발달한 이후에 검댕에 함유되어 있는 성분 중 벤조[a]피렌 같은 일부 성분이 암을 일으킬 수 있는 물질임이 밝혀졌다. 음낭암 이외에도 피부암, 폐암, 위암 등 다양한 형태의 암으로 굴뚝청소부들이 고통받았다고 한다. 만약 산타클로스가 실존했다면 굴뚝청소부들과 같은 처지 때문에 은퇴하셨을 가능성이 높다. 소방관들이 본연의 임무를 수행하면서 노출될 수 있는 물질들이 이런 이력을 갖고 있다는 것을 이해하면 이런 작업환경이 그들에게 암을 일으킨다는 전문가들의 공통된 해석을 쉽게 이해할 수 있을 것이다.

이런 정황이라면 소방관들에게 다양한 암이 발생하는 것은 어쩌면 당연한 일일수도 있다. 그런데 왜 확실하게 암이 발생할 수 있는 그룹(Group 1)보다 좀 더 증거가 약한 그룹, 즉 암이 나타날 수 있는 정도의 그룹(Group 2)으로 분류되었을까? 그 이유는 소방관들이 어떤 물질에 얼마나 노출되고 있는

지를 정량적으로 보여주는 데이터가 부족하기 때문이다. 즉, 여러 유형의 암이 다발하는 건강 영향에 대한 결과는 뚜렷이 확인되는 데 반해 그 이유를 설명해줄 만한 물적 증거가 부족해서 암이 발생할 수 있는 위험이 뚜렷한 그룹으로 분류되지 못했다.

물론 소방관들을 대상으로 어떤 발암물질과 유해물질에 얼마나 노출되고 있는지를 평가하기 위한 노력이 없었던 것은 아니다. 그러나 다시 한 번 화재 현장의 상황을 상기해 본다면 그런 노력이 얼마나 어려운 것인지를 충분히 이해할 수 있을 것이다. 일단, 화재 진압이 제일 중요하다. 소방관들의 노출 데이터를 얻자고 불을 키울 수는 없는 일이다. 둘째, 위험하다. 소방관의 안전을 확보하고 화재 피해자를 신속히 구출하는 작업이 최우선이다. 셋째, 화염을 이겨낼 수 있는 측정 장비가 거의 없다. 결과적으로 화재 현장에서 유해물질을 측정하는 것은, 더군다나 소방관의 개인 노출량을 평가하는 것은 현실적으로 매우 어렵다. 그래서 소방관들을 대상으로 한 유해물질 노출 평가 데이터가 부족할 수밖에 없다.

소방관이 노출되는 유해물질들

그렇다고 해서 화재현장에서 발생되는 유해물질에 대한 정보가 없는 것은 아니다. 화재 시뮬레이션과 실제 화재 현장에서 측정된 정보를 기반으로 소방관들이 노출될 수 있는 다양한 종류의 유해물질에 대한 정보가 확인됐다. 우선 발암물질만 예를 들어보면, 휘발성유기화합물VOCs 중에서 벤젠*과 비닐클로라이드 모노모**, 다핵방향족탄화수소PAHs 중에서 대표적인 벤조[a]피렌***, 산류 중에서 황산****, 중금속 중에서 비소나 카드뮴*****, 그리고 섬유상물질 중에서 석면******과 같은 것들을 열거할 수 있다.

이 외에도 시안화수소나 일산화탄소와 같은 질식성 가스들이 발생하고 호흡기에 상당한 영향을 미치는 질소산화물이나 황산화물들이 발생한다. 요즘 환경 분야에서 가장 많이 회자되고 있는 미세먼지 혹은 초미세먼지에 노출되는 양도 상당하다(사실 초미세먼지도 Group 1로 분류되는 발암물질이다). 그야말로 유해물질의 종합세트라고 할 만하다.

그런데 한 가지 의문은 소방관들이 이런 유해물질에 어떻게 노출되느냐이다. 화재진압 현장에서 소방관들은 방화복을

---

* 벤젠은 원유와 휘발유 혹은 일부 신너에 함유되어 있는 발암물질로써 백혈병을 일으키는 것으로 잘 알려져 있다.
** PVC 플라스틱을 만드는 원료물질이다. 국내 기사에 언급된 소방관에게 발생되었던 혈관육종의 원인물질이다.
*** 굴뚝청소부병에서 언급되었던 물질로써 검댕에 함유되어 있는 대표적인 발암물질이다.
**** 공기 중에 미세한 방울로 떠다니는 것을 흡입하게 되면 폐암에 걸릴 위험이 높아진다.
***** 이타이타이병의 원인물질이다. 폐와 신장에 심각한 손상을 일으킬 수 있다.
****** 베이비 파우더에서 석면 오염이 확인되면서 대한민국 국민들에게 가장 많이 알려진 대표적인 발암물질이다. 폐암과 중피종을 일으킬 수 있다.

입고 SCBA Self-Contained Breathing Apparatus를 착용하고 있어서 호흡기를 통해서 유해물질이 침투해 들어갈 거 같지 않기 때문이다. 그러나 화재진압을 하는 현장을 잘 들여다보면 진압 활동 이외에도 다양한 활동이 전개되고 있음을 알 수 있다. 예를 들어, 현장을 지휘하거나 진압하는 대원들을 지원해주거나 혹은 현장을 통제하는 활동들이 전개된다. 화재 규모가 클 경우에는 진압 지원을 위해 추가로 대기하는 인원도 있을 수 있다. 화재가 어느 정도 진압되면 잔불 정리를 해야 하고 화재의 원인조사도 해야 한다. 이런 과정에서 무전 등을 이용해서 지휘가 이루어지거나 탐문이나 의사소통이 필요한 경우도 많아 호흡 보호구를 착용하지 못한 상태로 활동할 때가 잦다. 때문에 부득이하게도 소방관들이 화재 현장에서 발생하는 유해물질에 노출될 수밖에 없다. 이는 그들이 부주의하거나 안전에 무감각해서 벌어지는 일이 아니다. 업무 특성상 그럴 수밖에 없는 상황에 처해 있다고 보는 것이 보다 현실적인 진단일 것이다.

  SCBA를 착용하고 화재를 진압하는 소방관들은 괜찮을까? SCBA를 착용하고 있어 호흡기를 통한 노출은 상대적으로 적겠지만 피부를 통한 노출 위험이 남아 있다. 옷 틈새로 유해물질과 가스가 침투해 들어왔다가 피부에 침착하게 되고 몸속으로 흡수될 수 있기 때문이다. 더구나 화재 현장에서는 무거운 장비를 착용한 채로 육체적으로 힘든 임무를 수행하는데, 주변 온도가 높은 데다가 방화복을 입은 탓에 몸에서 발생하는 방출되지 않으면서 땀 범벅이 되기 십상이다. 고온 다습한 환경 때문에 피부에 침착된 유해물질이 몸속으로 흡수되는 정도가 훨씬 높아진다. 화재 진압 이후에도 각종 장비와 의복에 남아 있는 유해물질이 추가적인 오염원이 되기도 한다. 이렇듯 소방관들은 다양한 활동과 조건에서 유해물질에 노출될 위험에 처하게 된다.

소방관의 심각한 업무 조건

현장 상황도 심각하지만 업무 조건도 건강에 좋지 못하다. IARC에서 소방관이라는 직업이 암에 취약하다고 판단하고 관련 보고서를 제출한 것이 2010년이다. 동일 보고서에는 소방관뿐만 아니라 도장 작업과 교대 노동에서의 발암 가능성에 대한 평가도 실려 있다. 잠깐 짬을 내어 다른 직업의 발암 가능성을 살펴보자.

도장 작업은 발암 가능성이 명백한 직업으로 분류됐다(Group 1). 도장 작업이면 유기용제 중독 같은 것을 떠올리기가 십상인데 검토된 자료들에서는 폐암과 방광암의 위험이 높다고 판단됐다. 과거에는 도장 작업 전 사전 조치로 작업 표면을 정리하기 위해 모래 등을 고압으로 분사해서 전처리를 하는 과정이 많았다. 이때 유해물질에 다량 노출되면서 폐암 등의 위험이 확실하게 증가하는 결과가 초래된 것이다.

교대 노동은 어떤가? 교대 노동은 발암 가능성이 꽤나 높은 근무 형태로 분류되고 있다(Group 2A). 이때의 교대 노동은 야간노동을 포함한 조건을 말한다(대륙간 비행도 포함). 통상적으로 잠이 들어 있어야 할 때에 깨어 일을 하는 상태가 지속되면 일주기성이 교란되는데 이것이 가장 중요한 원인으로 지목된다. 특히, 야간 교대 작업을 많이 할수록 유방암, 전립선암, 그리고 직장암이 유의하게 증가하는 패턴이 확인됐다. 일주기를 교란시키는 여러 동물실험을 통해서 만성 염증의 증가, 면역력 감소, 그리고 세포 증식 등이 나타나는 것이 명확하게 밝혀졌다. 이는 야간 교대가 암을 일으키게 한다는 것을 뒷받침하는 증거이기도 하다.

    소방관들은 보통 3조 2교대 체계로 2주 동안 야근 근무를 하고 1주는 주간 근무를 하는 전형적인 교대제를 운영하고 있다. 야간 근무 시에도 인근 지역에서 걸려오는 각종 구조 요청 및 화재신고에 민감하게 대응해야 한다. 실제로 현장으로 출동하느냐 그렇지 않느냐의 문제를 떠나서 매우 긴장된 상태로 밤을 지새야 하는 근무 조건은 신체에 실로 큰 부담을 줄 수밖에 없다. 화재 현장에서 각종 유해물질에 노출되는 데다 야간 교대 노동까지 포함하는 작업 여건이 겹쳐지니 건강의 측면에서 최악의 조건일 수밖에 없다.

암에 걸린 소방관, 누가 책임져야 하나?
다시 글의 처음으로 돌아가 보자. 2017년 기사에 인용된 소방관은 故 김범석 소방관이다. 유가족은 그의 질병이 공무와 직접 관련이 없다는 공단의 결정에 불복하고 공무원연금급여재심위원회에 심사청구를 했으나 이마저도 기각됐다. 이어 행정소송을 했지만 유족의 청구는 기각됐다. 그러나 2019년 9월에 진행된 항소심에서는 업무로 인한 발병 가능성을 배제하기 어렵다며 법원이 유족의 손을 들어줬다. "병 걸린 아빠가 아닌 자랑스러운 아빠로 기억될 수 있게 해달라"던 고인의 유언이 꿈만 같게도 이루어진 것이다.

고 김범석 소방관의 사례에서 볼 수 있는 바와 같이 희귀한 질병에 걸린 소방관이 그것을 업무상 재해로 인정받기는 매우 어려운 게 현실이다. 게다가 업무 연관성을 입증해야 할 책임이 당사자에게 있기 때문에 그 어려움은 더욱 가늠하기 어렵다. 희귀 암에 걸린 당사자가 와병 중에 자신의 질병이 직업 때문에 발생했다는 것을 입증해야 하는 것이다. 이보다 억울한 일이 있을까?

이런 문제들이 논의되면서 생긴 법이 일명 공상추정법이다. 미국의 경우 1982년에 캘리포니아에서 최초로 소방관들의 암 추정법 firefighter cancer presumption law을 제정했고 캐나다에서는 2002년에 매니토바 주정부에서 최초로 소방대원들을 위한 추정적 암 법안 presumptive cancer legislation을 제정했다. 이 법의 핵심은 입증의 책임을 전환한 것이다. 즉, 소방관들에게서 나타나는 방광, 신장, 고환, 뇌 등에서의 암과 비호지킨림프종, 백혈병, 골수종, 그리고 비흡연자에게서의 폐암 등은 그것이 직업과 관련되어 있지 않다는 충분한 증거가 없는 한 직업성 질환으로 인정한다는 것이다.

소방관들에게 나타난 질병이 직업과 관련이 없다는 것을 입증해야 하는 책임을 보상의 주체에게 둔 것이다. 물론 각 질병을 판단하기 위해 일정 조건이 주어지고 그것이 충족되면 자동으로 업무상 재해로 인정된다. 예를 들어, 폐암의 경우는 15년 이상의 경력일 경우 그리고 백혈병의 경우는 5년 이상의 경력일 경우에 대해서 자동으로 업무상 재해로 인정하는 기준이 마련되어 있다. 우리나라의 경우는 2017년에 북미의 사례와 비슷하게 '위험직무 종사 공무원에 대한 공상추정법'이 발의된 상태이지만 아직까지는 인준되지 못했다.

이제는 사회가 소방관을 지켜야 한다

과거 중앙소방본부가 이제 독립 외청으로 승격하여 '소방청'이 되었고, 소방공무원들은 국가직으로 전환됐다. 화재와 재난으로부터 국민의 안전과 생명을 지키기 위해 헌신하는 그들의 처우를 개선하기 위해 많은 이들이 노력하고 응원한 결과이자 그들이 치른 희생에 대해 국가와 국민이 드릴 수 있는 최소한의 보답이라고 생각된다. 그렇다고 화재 현장에서 발생하는 유해물질이 줄어들거나 노출되는 양이 적어지는 것은 아니다. 소방관 중 누군가에게 질병의 피해가 여전히 발생할 것이고 이런 어려움에 고통받는 동료들을 안타깝게 지켜봐야 하는 상황도 바뀌지는 않을 것이다.

　소방관들은 열악한 환경 속에서도 세상 그 누구보다 용감하고 믿음직하게 역할을 수행해왔다. 그들은 강인하고 건강한 영웅으로 기억되고 있다. 실제로 그렇기도 하다. 앞서 소개한 대규모 역학 연구 결과에서도 소방관들은 일반인들에 비해 흡연이나 음주 혹은 잘못된 생활습관으로 인해 나타날 수 있는 질병의 비율이 현저히 낮다. 반면 일반인에 비해 각종 암에 걸리는 것과 그로 인해 사망에 이르는 비율은 더욱 높다. 그야말로 암이 소방관들을 쓰러뜨리고 있다.

　굴뚝청소부들에게 작업과 관련된 질환이 빈번히 발생하자 이를 예방하기 위해 굴뚝청소부법Chimney Sweepers Act이 제정됐다. 굴뚝청소로 인한 건강 피해를 고스란히 받았던 어린이들의 노동을 금지시키기 위해 취업 가능 연령을 8세로 제한하는 내용으로 시작해서 몇 번의 개정을 거쳐 최종적으로는 굴뚝청소 가능 연령을 16세로 제한하는 법으로 진화했다. 소방관이라는 직업은 위험한 것임에 틀림없다. 화마나 사고 때문이 아니라 각종 유해물질에 노출되어 암에 걸릴 가능성이 높기 때문에 위험한 직업이다. 소방관들에게도 그들을 보호할 수 있는 적절한 제도가 필요하다. 2020년이 저물기 바로 전에 공무원 재해보상법 일부개정안이 다시 발의됐다. 일명 '고 김범석 소방관법'이라고 알려진 이 법은 일정 기간 이상 복무한 경력이 있으면 특정 질병이나 장해를 공무상 재해로 인정하도록 하는 취지가 담겨 있다. 앞서 설명한 공상추정법을 입법화하기 위한 조치다. 제대로 된 입법으로 소방관을 대우해야 할 때가 됐다. 그 전에 소방관이라는 직업이 갖는 위험이 무엇인지를 먼저 직시할 필요가 있다. 그리고 이런 위험한 환경을 개선하기 위한 노력을 서둘러야 한다.

불은 신이 인류에게 주려고 했던 그 의도만큼만 따뜻하면 족할 거 같다. 그 이상의 불은 누군가에게 피해를 입히지 않도록 막아야 하기 때문이다. 한 개인이 막을 수 없다면 우리 사회가 함께 그 피해를 막아야 한다. 그래서 사회가 필요한 게 아닐까? 그 일선에서 피땀 어린 희생과 헌신으로 우리 사회를 지켜온 소방관들은 존중받아 마땅하다. 이제는 우리 사회와 제도가 소방관들을 지킬 때가 됐다. 소방관에게도 따뜻한 사회가 오길 기대한다.

1인 1조 작업의 위험, 가축 위생 방역사

윤간우

2019년 6월 농림축산식품부 산하 유관기관인 가축위생방역지원본부에서 직원을 뽑는다는 채용 공고가 났다. 기존 인력의 50%에 해당되는 136명의 방역사가 그 대상이다. 이로써 방역사는 보다 안전하게 일할 수 있는 조건을 갖게 됐다. 주변에서는 그다지 관심이 높지 않았던 채용공고였지만 나는 공공운수노동조합으로부터 이 공고 소식을 듣고 눈시울이 붉어졌다. 너무 기쁜 나머지 눈물이 났다.

가축 위생 방역사라고?
가축 위생 방역사는 정부기관인 가축위생방역지원본부의 노동자이다. 가축위생방역지원본부는 효율적인 가축방역과 축산물 위생 관리를 통해 질병 청정화, 축산물의 안전성을 향상시키고 국내 축산업 발전과 해당 농가의 소득 증대 등에 기여할 목적으로 '가축전염병예방법 제9조'에 따라 설립된 공공기관이다.

목적에 따른 활동을 수행하기 위해 방역사는 주요 가축 전염병의 조기 발견을 위한 가축방역 업무, 구제역·AI 등 악성 가축전염병 의사환축(전염병이 의심되는 병든 가축) 발생 즉시 초동 방역, 도축장에서 축산물 위생 검사, 검역 시행장에서 수입 축산물에 대한 검역을 실시한다.* 각 가정에서 고기 요리를 안전하게 먹을 수 있도록 최전선을 지키는 노동자들인 것이다.

그런데 이들은 밤낮 없이 고병원성 방역의 최일선에서 가장 힘들고 위험한 일을 담당하고 있지만 기관 내 무기계약직 중 가장 열악한 업무환경에서 근무한다. 낮은 수준의 복지, 힘든 노동환경 때문에 소속감과 사기가 저하되어 있고 높은 이직률(4.2%)을 보인다. 뿐만 아니라 업무상 재해 발생률이 높아 건강 문제도 심각하다.

국민 먹거리를 책임지는 데 이렇게 일해도 되나?
가축위생방역지원 업무 특성상 작업이 대개 사무실 밖에서 이루어진다. 양축 농가, 위생직은 도축장, 검역직은 검역소를 방문하여 업무를 수행한다. 대부분 도심 지역이 아닌 외곽이기

---

* 가축위생방역지원본부, 「구제역, AI 등 악성가축 전염병 예방을 위한 가축위생방역지원본부의 기능과 역할」, 2017.

때문에 매일의 방문을 위해 상당한 거리를 이동해야 한다. 이 때문에 하루 평균 운행거리는 149km에 달하는데 이는 일반 승용차 평균 운행거리(37km)의 4배이고, 법인택시의 하루 평균 영업거리(113~147km) 보다 길다.

업무로 인해 신체 손상이 발생해 1일 이상 쉬어야 하는 경우 및 치료가 필요할 정도의 교통사고 발생률은 연간 19%였다. 운행거리가 길어질수록 신체 손상 교통사고 발생률의 뚜렷한 증가가 나타난다. 장거리 운전으로 인한 교통사고 발생 위험 증가, 운전 자세로 인한 근골격계 증상 등 다양한 안전과 건강 문제가 드러나고 있었다.

특히 큰 문제로 지적되는 것은 1인 근무였다. 1인 단독 근무는 안전보건상 위험한 업무 형태이다. 갑작스러운 사고나 질병 발생 시 조치 지연으로 손상이 커질 수 있고, 폭력 노출 위험이 늘어나며 정신적, 육체적 피로가 증가할 뿐만 아니라 운전 시 교통사고 발생이 증가한다. 방역직은 59%, 위생직은 25%, 검역직은 100% 단독 근무를 실시한다고 답변했다. 단독 근무를 수행하는 집단이 그렇지 않은 집단에 비해 교통사고, 업무 중 사고, 우울증상, 이직 고민, 탈진Burn out이 모두 높은 것으로 조사됐다.

특히 방역직의 경우 1인 근무로 인해 가축 방역 업무 중 안전사고 발생 위험이 매우 높았다. 시료 채취는 돼지나 소를 보정한 후에 채혈을 실시하는데 안전한 시료 채취를 위해서는 최소 2인의 작업자가 필요하다. 보정 과정에서 2인이 작업해야만 소에게 받치는 사고를 예방할 수 있고, 채혈 시에도 한 사람은 가축의 안정을 유도하거나 위험 상황 발생을 주시하고, 다른 한 사람은 채혈을 실시해야 한다. 그러나 대다수의 방역사는 1인이 채혈을 실시하고 있었다. 2008년 이전에는 시료 채취가 2인 1조로 이루어졌으나 2008년 1월부터 검진증명서 대상이 확대되면서 기존의 2인 1조로는 업무량을 소화하지 못하게 되자 1인 1조로 변경됐다고 한다.

예민한 가축을 1인의 방역사가 보정하고 채혈하는 과정에서 안전사고 발생 위험은 매우 높지만 기존의 법령(산업안전보건법 등)에서 해당 작업 유형에 대한 규제는 매우 미흡하다. 이 때문에 관리의 책임도 없어진 것이다. 한국마사회의 경우 마필과 인접한 작업 시에는 최소 2인 1조, 채혈 시에는 3인 1조로 작업하도록 지침을 가지고 있고 외국의 가축 채혈 안전지침에서도 2인 작업을 명시하고 있다. 정부기관에서 더 촘촘한 규제가 있어야 하지만 그렇지 못했고 결국 '모범 사용자' 지위를 버리게 된 것이다.

가장 중요한 초동 방역, 탐탁지 않다
초동 방역은 방역에서 가장 중요한 영역이다. 구제역·AI 등 악성 가축전염병 의사환축 발생 즉시 해당농장의 가축·차량 등의 이동을 통제해야 이후 확산을 방지할 수 있으며 조기 종식이 가능해지기 때문이다. 이미 번지기 시작하면 걷잡을 수 없다. 그래서 초동 방역이 중요하다. 언제 첫 보고가 들어올지 알 수 없는 상황이므로 항상 대기 상태이다. 상황이 접수되는 즉시 평균 2~3명이 현장으로 가 작업에 참여한다. 이때는 잘 수 없다. 일이 끝나야 쉴 수 있다. 24시간이 전쟁터다.

   문제는 이 초동 방역을 지원하는 별도의 인력이 없다는 점이다. 초동 방역은 가장 중요한 업무이기 때문에 여기에 다수가 참여하게 되면 기존의 일상적인 정규 업무는 고스란히 남겨진다. 그럼 복귀한 후 더 많은 일을 해야만 하는 구조가 되는 것이다.

   이런 구조에서 버틸 재간이 있는 노동자는 많지 않다. 낮은 보상, 불안정한 고용구조, 상시적 위험, 가중되는 업무까지. 이 때문에 노동자들은 사직한다. 그런데 문제는 이들의 업무가 간단한 업무가 아니라는 데 있다. 방역·위생·검역 현장에서 예찰·혈청 검사·현물 검사 등으로 위험 요인을 사전에 예방하는 작업은 단기 비숙련 노동자가 하기 힘든 일이다. 그런데 숙련 노동자는 자꾸 그만둔다. 그렇다면 이런 상황이 국민의 편익에 부합하는 것인가.

가축에게 받히고 근육은 터지고 농가에게 욕먹고

가축을 상대하는 작업은 어쩔 수 없이 높은 사고율을 가진다. 그것도 개나 고양이가 아니라 소나 돼지라면 이야기가 달라진다. 단독 근무, 장시간 운전에 따른 피로, 스트레스, 높은 노동

강도 때문에 가축 방역사의 업무상 사고가 높은 것은 필연적인 결과이다. 가축 방역사의 사고율을 조사하니, 업무 중 사고 경험률은 21.9%, 1년간 업무와 관련된 사고 발생률은 12.8%, 요양 4일 이상(산업재해 대상)은 7.4%인 것으로 나타났다. 우리나라 산재 발생률 0.48%(2017년 기준)과 비교하면 수십 배 높은 수치이다. 방역직의 경우 교통사고, 동물에게 받힘·밟힘, 근육 손상 사고가 많았고, 위생직의 경우 칼에 베이는 사고, 바닥에 미끄러짐·넘어짐이 많았으며 검역직의 경우 근육 손상 사고가 높았다.

건강상 문제도 심각한 것으로 나타나는데 우리나라 취업자를 대상으로 실시되는 근로환경조사에서 파악한 건강 문제로 인한 결근율은 농업 6%, 제조업 2.2%, 건설업 1.2% 수준이었으나, 방역직의 경우는 26.3%, 위생직은 29.9%인 것으로 나타난다. 가축 방역사의 주요 건강 문제는 근골격계 질환이다. 방역직의 경우 가축 보정 과정, 위생직의 경우 칼을 사용한 절단·해체 작업에서 근골격계 부담 수준이 높았다.

게다가 농장주로부터의 폭언 및 과도한 민원에 상시적으로 노출되고 있는 것으로 나타났다. 시료 채취를 거부하는 농가, 농가 변수로 인한 방문 지연, 채혈 시 가축 상해를 우려하는 농장주와의 마찰, 초동 방역 시 농가와의 마찰 등이 원인이다. 조사대상자의 25%가 농장주로부터 폭언을 경험했으며, 30%는 과도한 민원에 시달린다고 답변했다. 위생직의 경우 도축장에서 축산물 위생검사 업무를 수행하는데 낙후한 도축

장일 경우 도축 의뢰인과 생체 검사 결과에 따라 마찰이 발생할 수 있다. 또한 도축장에서 수의사로부터 업무 지시를 받는 과정에서 과도하거나 모욕적인 업무 지시를 받는 경우도 있다고 한다. 정신건강 평가 결과 우울증상 호소율이 15%로 나타나 심리상담 및 관리가 필요한 집단으로 확인됐다. 폭언이나 민원 스트레스 경험이 많을수록 우울증상 호소자는 비례하여 증가했다.

이제는 '모범 사용자'?

우리 팀의 조사가 진행된 이후 가축위생방역지원본부는 그동안 하지 않았던 산업안전보건위원회를 열기로 하고 방역사의 안전보건 문제를 하나씩 풀어나가기로 했다. 또한 나는 외부 전문가로서 정기적으로 현장 개선에 참여하겠다고 약속했다. 그러던 중 2018년 12월 10일 오전 10시 김용균 노동자가 발전소 컨베이어벨트에 끼어 사망하는 사건이 발생했다. 이 또한 가축위생방역지원본부와 같은 공공기관에서 발생한 일이었기 때문에 반향이 컸다. 뿐만 아니라 1인 작업에 대한 위험성을 다시 한 번 환기하는 계기가 됐다. 이로써 급기야 가축위생방역지원본부와 노동조합이 합의하여 1인 작업 근절을 위해 추가로 136명을 채용하기로 했다.

노동자가 안전하고 건강하기 위한 효과적인 전략이 무엇일지 고민해본다. 문재인 정부 들어 비정규직 노동자 보호가 거대 담론으로 떠올랐다. 거대 담론은 수많은 작은 담론들을 끌어당긴다. 다만 준비된 담론들만이 끌어당겨졌다. 공공운수노동조합과 가축위생방역지원본부 노동조합은 거대 담론과 연결된 담론을 만들고, 사업주와 싸웠다. 노동환경건강연구소는 담론을 만드는 데 함께했고 거대 담론과 연결시키는 데 도움을 주었다. 중요한 것은 이때 문제를 사회적으로 제기할 수 있는 노동조합이 있었다는 사실이다. 그것이 거대 담론을 풀어가는 너무도 중요한 고리였다는 점은 틀림없다.

정부산하기관에는 수많은 노동자가 일하고 있다. 그런데 노동조합이 나서서 문제 제기하지 않으면, 시민사회가 나서지 않으면, 정부 스스로는 이 노동자들에게 너무나 무관심하다. 비정규직을 사용하는 정부는 모범 사용자가 아니다. 노동자가 다치고 병드는 데도 방관하고 있는 정부는 부끄러운 정부이다. 정부가 나서서 좋은 일자리를 만들어야 민간도 견인해갈 수 있다. 공공이 민간에게 긍정적 시그널을 주지 못하면 민간과 다를 게 무엇이겠는가. 대한민국 정부가 모범 사용자가 되길 기대한다.

'작물보호제'라고요? '농약'입니다!

이윤근

세계보건기구는 전 세계에서 1년간 최소한 70~80만 명이 농약 노출에 의해 만성 질환에 이환되는 것으로 추정하고 있다. 뿐만 아니라 국제암연구소에서는 농업인의 살충제에 의한 직업적 노출을 인간에게 암을 유발할 개연성이 높은 발암물질(Group 2A)로 규정한 바 있다. 미국에서는 1993년부터 시작한 대규모 코호트 연구*에서 12개의 농약이 폐암, 췌장암, 대장암, 직장암, 백혈병, 혈액종양, 림프종, 다발성골수종, 방광암, 전립선암, 뇌종양 등의 발생 위험을 증가시킨다고 보고한 적도 있다.

　이뿐만 아니다. 농약은 환경 내에서 잘 분해되지 않으며 먹이 사슬을 통해 생체의 지방조직에 축적되는 특성이 있다. 즉, 농약의 특정 성분들은 체내에 축적되어 인체 내분비계를 교란시키고 면역체계를 손상시키는 이른바 '내분비교란물질'

---

* http://www.aghealth.org 참고.

로 작용한다.

　대표적인 물질이 그 유명한 DDT다. DDT 농약은 유기염소계 살충제 농약으로 과거 40여 년 전에 사용 금지된 고독성 농약이다. 이 농약은 자연환경에서 분해되지 않고 먹이사슬을 통해 동식물 체내에 축적되어 있다가 이를 섭취하는 인간에게 최종적인 영향을 준다.

　2017년 국내에서 생산된 친환경 달걀에서 DDT 성분이 검출된 사건이 바로 대표적인 사례다. 이미 40여 년 전에 사용 금지된 농약이(국내에서는 1979년에 금지되었다) 어떻게 계란에서 검출되었느냐는 의문은 DDT의 잔류성 특성을 알면 금방 이해할 수 있다. DDT는 반감기가 매체 특성에 따라 2~15년에 이른다. DDT 계란의 경우 수십 년 전에 사용한 농약 성분이 남아 있던 땅에 양계장이 들어선 탓에 방목된 닭이 오염된 풀을 뜯어 먹거나 토양을 통해 오염이 되고, 마침내 계란에까지 DDT가 축적되어 검출된 것이다.

　농약은 인간에게 식량 증산이라는 이로움도 주지만 다수의 농약은 자연 생태계를 파괴하여 결국 사람에게 암이나 만성 질환 등을 일으킬 수 있는 위험한 물질이다. 농약은 의도적으로 생명체를 죽이기 위해 만들어진 독성물질이라는 사실을 잊어서는 안 된다.

농약은 농민들에게 얼마나 위험할까

나는 2006년부터 10년 동안 농촌 현장을 돌아다니면서 농업인의 농약 노출에 대한 연구를 진행했다. 농약 살포 작업을 대상으로 직접 농약을 측정하고 농업인들을 교육하면서 농업인들이 잘못 알고 있는 다음과 같은 정보나 인식들을 확인할 수 있었다.

첫째는 농민들이 농약의 위험성을 인지하지 못하거나 저평가하고 있다는 점이다.

내가 만난 많은 농민 중 특히 나이 드신 어르신들은 흔히 이렇게들 생각했다. "내가 평생 동안 농약을 쳤는데 농약 먹고(음독) 죽은 사람은 봤어도 병으로 죽은 사람은 한 번도 본 적이 없다."

그 생각이 맞을 수도 있다. 그러나 정확히 표현하면 병으로 죽은 사람이 없었던 게 아니라 농약 때문에 병이 걸린 사실을 몰랐다고 말하는 게 정확한 표현이다.

농약의 급성 중독은 가벼운 두통이나 피로감(물론 심한 경우는 토하거나 어지럼증, 실신 등으로 응급실에 실려 가는 경우도 있다)이 대부분이다. 따라서 농민들은 통상적으로 나타나는 증상으로 여겨 쉬면 나으리라고 생각한다. 문제는 장기간 누적으로 나타나는 만성 중독이다. 위에서 설명한 것처럼 암이나 뇌심혈관계 질환 등 만성 질환으로 나타날 수도 있다. 짧게는 십수 년에서 길게는 수십 년 후에 나타나기 때문에 이를 인지하지 못할 따름이다. 유감스럽게도 병이 나타나는 시기는 대부분이 평생 일했던 농사일을 그만두고 이제는 조금 쉬어도 된다고 생각하는 시기이다. 그래서 나이가 들어서 생긴 병으로 생각할 수 있다.

두 번째는 농약 방제용 보호구에 대한 잘못된 인식이다. 대다수의 농민들은 농약을 살포할 때 마스크만 잘 착용하면 된다고 생각한다. 그렇다고 제대로 된 농약 방제용 전용 마스크를 쓰는 것도 아니고 그냥 면 마스크를 착용하면서 별 문제가 없다고 생각하기도 한다. 마스크만 써도 된다는 생각은 너무나 잘못된 정보이고 농민들을 위험에 빠뜨릴 수 있는 심각한 일이다. 왜냐하면 농약 살포 시 체내로 들어오는 농약은 95% 이상이 호흡기가 아닌 피부를 통해 흡수되기 때문이다(호흡기 흡수는 1~5% 미만).

필자가 연구한 바에 따르면 체내로 흡수되는 농약은 하체(35%), 상체(25%), 발(20%), 손(15%), 머리(5%)와 같은 피부로 흡수되는 것이 절대량을 차지한다. 이는 축축하게 농약에 젖은 작물의 잎이나 줄기가 작업자 몸에 계속 스치기 때문이다. 만약 방제 작업 시 농약 방제복과 비닐장갑, 그리고 장화를 신지 않고 작업할 경우 너무도 끔찍한 일이 벌어진다. 즉, 작업 중에 온 몸이 축축하게 젖은 상태에서 농약은 계속 피부를 통해 흡수되며, 이 상황은 작업이 종료되더라도 작업복을 벗고 샤워할 때까지 지속된다. 피부에 묻은 농약은 통상적으로 10% 정도가 체내로 흡수되는 것으로 알려져 있다.

그러나 안타깝게도 농업인들을 교육할 때 보면 늘 불만을 토로하신다. "방제복을 입으면 바람이 통하지 않아 너무 덥다"는 것이다. 맞는 말이다. 그러나 당장의 불편함을 견뎌야 건강을 지킬 수 있다. 불편함이 있더라도 건강을 위해 방제복, 장화, 비닐장갑, 모자를 반드시 착용해야 한다.

무방비로 농약에 노출되는 골프장 노동자들

골프장 하면 가장 먼저 떠오르는 것이 탁 트인 필드에 잘 관리된 파란 잔디다. 너무도 깔끔하게 잘 관리되어 있고, 눈으로 보기에는 생동감이 넘쳐날 정도다.

그러나 그 푸릇함 속에 감춰진 토양생태계는 재앙 수준이다. 그 흔한 지렁이조차 살기 힘든 환경이기 때문이다. 원인은 바로 무분별하게 살포되는 농약이다.

국립환경과학원에서 발표한 자료를 보면 2015년 한 해 동안 전국 골프장에 살포된 농약(실물량 기준)은 1헥타르당 18.6kg이라고 한다. 이 정도면 얼마나 많은 양인지 가늠하기 힘들 것이다. 농약 중독의 가장 큰 피해자로 알려진 농업인과 비교하면 쉽게 이해할 수 있다. 정부 통계를 보면 2018년 농업인의 농약 사용량은 1헥타르 당 9.5kg이었다. 골프장이 농작업보다 2배 정도 농약을 더 살포하는 셈이다. 골프장에 이렇게 많은 농약이 살포되는 것은 농촌진흥청이 분류한 맹독성 혹은 고독성의 금지 농약을 제외하면 어떤 제품이라도 양과 횟수에 상관없이 사용할 수 있기 때문이다.

문제는 이곳에서 일하는 노동자들이다. 잔디를 관리하는 잔디관리사(그린키퍼), 그리고 매일 잔디밭을 걸어다니는 캐디(경기보조원)들의 건강이 문제다. 이들은 아무런 보호 장구 없이 농약을 직접 살포하거나 농약이 살포된 잔디 위를 걸어다니면서 농약에 노출된다. 안타까운 것은 이들을 대상으로 농약 노출 실태조사가 거의 이루어지지 않아 참고할 만한 자료가 없다는 것이다.

비단 이들뿐만 아니다. 도시 공원이나 아파트 내의 병해충 관리를 담당하는 노동자들도 농약 관리의 사각지대에 방치되어 있는 것은 마찬가지다. 이제는 이들 노동자들의 농약 노출에 대한 조사와 관리도 함께 이루어져야 한다.

농약은 우리 집에도 있다

많은 사람들이 농약하면 농민들만을 생각한다. 농민은 농약을 직접 살포하는 당사자들이기 때문에 당연한 생각일 수 있다. 그러나 이는 농약을 농산물을 재배하면서 문제되는 잡초, 해충, 그리고 각종 병균에 뿌려지는 것으로만 여기는 잘못된 생각에서 비롯된 착각이다.

가정에서 흔하게 쓰이는, 곰팡이나 세균 제거를 목적으로 사용하는 각종 살균제도 농약이다. 그리고 흔히 사용하는 모기약, 바퀴벌레약, 개미약도 살충제에 속하는 농약이다.

그렇다면 전 세계를 충격에 빠뜨렸던 우리나라의 가습기

살균제는 농약일까 아닐까. 결론부터 말하면 농약이다. 가습기 살균제는 습한 환경에서 자라기 쉬운 세균을 없애는 일종의 살균제다.

만약 가습기 살균제를 농약으로 인식했다면 '위험한 것', '쓰지 말아야 할 것' 등으로 부정적으로 생각했을 것이다. 반면, 그냥 살균제로 생각했다면 생활의 '편리성'을, 나아가 '이로움'을 생각했을 것이다. 불행하게도 우리는 후자의 함정에 빠졌다. 정확히 표현하면 부도덕한 자본이 파 놓은 함정에 속은 것이다. 그 대가는 너무도 참혹했다. 정부로부터 인정 받은 가습기살균제 피해자(2020년 12월 31일 기준)는 총 4,114명이며, 이중 사망자는 995명이다.* 우리나라에서 발생한 최악의 화학물질 관련 사고의 원인 물질이 바로 농약이었던 것이다.

이로움보다 해로움에 대한 정보가 설명돼야 한다

농약은 생명체를 죽이기 위해 만들어진 의도된 독성물질이라는 것은 어느 누구도 부인할 수 없다. 그리고 그 독성의 정도는 성분에 따라 각종 암과 호흡기 질환이나 뇌심혈관계 질환과 같은 만성 질환을 일으킬 수 있을 정도로 치명적이다.

농약은 그 필요성의 측면에서는 이로움이 있다. 사용 목적

---

* 가습기살균제피해지원 종합포털(www.healthrelief.or.kr) 참고.

이 인간에게 해로움을 주는 각종 세균, 곰팡이, 해충, 잡초 등의 제거이기 때문이다. 그러나 이 독성물질을 만들고 판매하는 기업 입장에서는 해로움보다 이로움만을 강조하면서 농약의 부정적 요소를 덮으려 하고 있다. 심지어는 농약이라는 부정적 명칭을 사용하는 대신 '작물보호제'로 이름을 바꿔야 한다고 주장하고 있다.

농작물에 사용하는 농약뿐만 아니라 각종 생활화학제품에 사용되는 농약 성분들에 대해서도 소비자들이 이로움과 해로움을 판단할 수 있는 충분한 정보가 공개돼야 한다. 그리고 그 정보를 소비자들이 이해할 수 있도록 충분히 설명하도록 하는 제도가 마련돼야 한다. 더 이상 농약의 해로움이 비밀이 되어서는 안 된다.

노후한 화학시설, 방치된 화약고

현재순

2013년 어느 봄날의 오후, 따뜻한 햇볕이 들어오는 카페 창가 자리에 앉아 있었다. 석유화학산업단지에 입주해 있는 대기업 작업복을 입은 중년의 남성이 카페의 문을 열고 들어왔다. 거의 10년만의 재회라 무척 반가웠다. 몇 주 전 그에게서 전화가 왔다. 만나서 할 말이 있다며 최근 발생한 폭발사고를 언급했다. 현장에 있었는데 엄청난 폭발음과 함께 소방차까지 출동했지만 지역 언론에서조차 한마디 언급도 없었다며 만남을 청한 것이다.

이 회사에서 15년째 근무하고 있는 그와는 사업장 화학물질 조사사업을 위한 기획단(2003년)에서 처음 만났다. 당시 노동환경건강연구소와 노동조합은 사업장 유해물질조사와 중대사고 대응을 위한 사업을 진행하고 있었다. 그 사업에서 그는 가장 적극적으로 현장의 목소리를 냈다. 10년이 지났지만 차분하고 단호한 말투는 여전했다.

그가 말한 최근의 폭발사고 경위는 이랬다. 산업단지 내 카본을 취급하는 A사에서 오후 9시경 야간작업을 하고 있었다고 한다. 크레인이 주변 고압선에 접촉하면서 두 차례의 폭발과 함께 화재가 발생했다. 일단 사업장 내 자체 소방대가 사고를 진압했다고 한다. 그런데 무슨 이유인지 이 큰 사고가 지역 언론에조차 나오지 않았고 이후 사고 통계에도 잡히지 않았다는 것이다. 화학사고 통계에 잡히지 않은 이유는, 중앙정부와 지자체의 통계 산정 방식에 차이가 있었고, 당시 유해화학물질관리법은 인명이나 환경에 피해가 없으면 사업주의 통보 의무가 없었기 때문에 누락되는 경우가 많기 때문이었다.

이러한 증언은 같은 해인 2013년 진행된 《일과건강》과 화학섬유노조의 화학산단 현장실태조사에서도 찾아볼 수 있었다. ○○석유화학단지 B사 노동자는 작업 도중 누출사고가 발생해 병원에 입원에 있는데 보도는커녕 회사에서도 쉬쉬하고 있다며 답답함을 호소했다. 부상을 당했지만 심하지 않고 사망사고가 아니기 때문에 사업장 내에서 정리된 것으로 보인다며 제대로 된 통계로 잡히기 어렵다는 증언이었다.

○○화학공단에서 불산을 취급하는 C사의 공장장은 이렇게 증언했다. 구미 휴브글로벌과 화성 삼성공장 불산 누출사고로 인해 최근 들어서 화학사고가 갑자기 많이 발생하는 것처럼 사회적 이슈가 되고 있지만 실제로는 예전부터 누출사고는 빈번했다는 것이다. 자신의 사업장 경우만 보더라도 평상시 불산을 취급하며 중·소량의 누출은 자주 있었으며 이러한 경우 지금까지 신고한 적이 한 번도 없다는 것이다. 최근 여론

이 안 좋아지면서 너도나도 신고를 하게 됐고 그래서 발생빈도가 높아졌다는 분석이었다.

드러나기 시작하는 사고들

이처럼 화학사고 통계가 제대로 잡히지 않는다는 것은 심각한 문제다. 왜냐하면 어떤 문제든 정확한 실태가 파악되고 분석 결과가 나와야 올바른 해결책을 세울 수 있기 때문이다. 2020년 현재는 관련법이 화학물질관리법으로 개정되어 사업주는 화학사고 발생 시 인명과 환경 피해가 없더라도 관계 기관에 즉시(15분 이내) 신고해야 하고 이를 3회 어겼을 때는 영업허가 취소를 당하게 된다. 또한 화학사고를 발생시킨 기업에 대해서는 순매출액의 5% 과징금을 부과하는 규정이 신설되어 처벌이 강화됐다. 물론 그렇다고 지금 화학사고 통계가 빠짐없이 다 잡히고 있다고 장담할 순 없다.

누락된 화학사고가 공개되고 이 공개된 자료가 정부통계로 잡히고 이를 통해 명확한 사고원인이 분석되어 대책이 나와야 화학사고를 줄일 수 있다며 한 시간 넘게 목소리를 높이던 그는 잠시 한숨을 쉬더니 말을 이어갔다.

더 큰 문제, 노후 설비

"그런데 더 큰 문제는 노후 설비예요." 석유화학 장치사업장

오퍼레이터와 현장 필드맨을 거친 15년 경력의 베테랑 노동자인 그는 오래 전부터 가동을 시작한 설비 중 배관, 밸브의 노후화가 심각하다고 말했다. 보수정비가 제때 이루어지지 못하면서 황산 등 취급물질이 수시로 누출되고 있으며 이를 발견한 현장노동자들이 고무장갑 등을 이용해 임시방편으로 막고 처리반(공무팀)이 올 때까지 대기하는 경우도 있다는 것이다.

석유화학사업장에는 적게는 수천 개 많게는 수만 개의 밸브와 배관 등 설비가 연결되어 있다. 그리고 이러한 밸브, 배관 등 설비는 수명을 결정하는 생애(교체)주기를 가지고 있다. 이 주기에 맞춰 점검하고 교체한다면 현장에서 노후 설비는 그만큼 줄어드는 것이다. 그러나 안타깝게도 그 생애주기에 맞는 점검이 이루어지지 못하고 있다.

급하게 달려온 공무팀에서는 "이번엔 여기다. 샐지 모르니 조심해라. 설비를 교체해야 하는데 바꿔주질 않는다"라는 하소연을 하고 갔다는 것이다. 공무팀 관계자는 회사가 시설을 도입할 때 저가로 구입하기 때문에 노후화가 빨리 진행되고 있으며 공장을 세운 지도 벌써 30~40년이 됐기 때문에 정기적으로 공정별 점검을 진행하고 설비를 교체해야 하는데 이게 안 된다는 것이다. 회사는 매년 수천억 원의 순이익을 남기는데도 인력을 더 쓰거나 노후 설비를 개선하는 데는 투자를 하지 않는다는 것이다. 결국 앞으로 사고의 위험성과 심각성이 더 커질 것이라고 강조했다고 한다. 또한 이처럼 노후된 설비는 잦은 정비 과정을 거칠 수밖에 없어 공장 가동 시기는 물론이고 수리 과정에서 항상 사고 위험을 안고 있기 때문에 언제 사고가 발생할지 모르는 것이 더 큰 문제라고 했다.

그는 기업에 대한 불만과 불신을 쏟아냈다. 초 대기업임에도 노동자와 지역주민의 안전에 대한 책임감이 없다는 점을 지적하며 낮은 도덕성에 분노했다. 자신의 신분이 노출되는 한이 있더라도 언론을 통해 고발하고 싶다는 의지를 보였다. 2012년 9월 구미 휴브글로벌 불산 누출사고 이후 계속된 화학사고가 그를 움직이게 했다고 한다. 우린 증언 내용 준비를 위해 다음을 기약하며 헤어졌다. 하지만 아쉽게도 그 이상의 진척은 없었다. 어쩌면 자신의 생계를 내걸어야 할지도 모르는 일이었다. 내부 고발자에 대한 기업과 사회의 편견의 시선을 무시할 수 없었다.

방치하면 화약고가 될 수 있다

그러나 여기서 그치지 않았다. 이러한 증언은 2013년 《일과건강》과 화학섬유연맹의 실태조사사업을 만들어냈고 같은 해 6월 '주요 산단 화재, 폭발, 누출 사고 은폐 현황 설명회'를 통해 사고 은폐와 노후 설비의 심각성과 위험성을 제기하게 됐다. 당시 반향은 크지 않았다. 하지만 계속된 화학사고는 국민적 관심을 조금씩 높였고 그로부터 1년 뒤인 2014년 7월 마지막 주에 발생한 2건의 국내외 사건은 노후산업단지 설비 안전관리에 대한 화두를 만들어내기에 충분했다.

2014년 7월 31일과 8월 1일 이틀 사이에 2건의 큰 화학물질 누출사고가 발생했다. 국내는 대규모 석유화학단지가 있는 여수의 해양조선소이고 국외는 대만 제2의 도시 가오슝 도심 한복판이었다. 이 사고는 그해 4월 세월호 참사라는 대형참사를 겪었던 국민들에게 화학사고로 인해 참사를 겪을 수도 있다는 충격을 주었다. 모든 사고의 원인은 노후 설비였다.

국내 사고는 2014년 7월 31일 오후 4시 13분 전남 여수시 돌산읍 우두리 '여수해양 조선소'에서 발생한 암모니아 누출사고이다. 수리 중이던 참치운반선에 있던 암모니아 보관 가스통이 노후되어 가스가 누출된 것이다. 누출된 암모니아로 인한 화상, 질식 등으로 1명이 사망하고 21명의 부상자가 발생했다. 특히 사고 지역은 전년도 3월에 여수산단 대림산업 폭발사고로 6명이 사망하고 17명이 부상당하는 대형 화학물질 참사가 있던 곳으로 지역주민의 정신적 충격은 더 심했으며 여론의 관심은 생각보다 컸다. 암모니아 누출사고로는 같은 해 2월, 1명이 사망하고 3명이 부상당한 남양주시 빙그레 공장 암모니아 누출폭발사고가 있었던 터라 더했다.

그로 인해 《일과건강》과 화학섬유노조가 설명회를 통해 발표한 '노후 설비로 365일 돌아가고 있는 석유화학공단은 말 그대로 화약고나 다름없다'는 내용이 언론에 인용됐다. 이 사고를 한낱 지역 조선소에서 가스통 하나가 노후되어 일어난 사고로 치부하고 마무리하면 안 된다는 주장이 설득력을 갖게 된 것이다. 당시 사고 다음날인 8월 1일 보도자료의 일부를 소개한다.

> 국내에 조성된 대규모 석유화학단지는 여수, 울산, 대산 국가산업단지이다. 이중 울산이 1968년, 여수가 1970년, 서산이 1988년부터 조성되어 여수와 울산의 경우 40~50년이 된 오래된 설비가 대부분인 상황이다. 이번 여수해양조선소 누출사고도 평상시 안전보건조치 의무사항에 대한 설비 실태 점검 및 보수 교체 작업이 제대로 이루어졌다면 막을 수 있었을 것이다.
> 그나마 다행인 것은 1개의 가스통 누출사고로 멈췄다는 것이다. 누출이 폭발로 이어져 14개의 가스통이 연쇄 폭발했다면 100여 명에 가까운 노동자들이 작업하던 현장이었던 만큼 대형 참사로 이어질 뻔했다.

보도자료 발표 당일인 8월 1일 대만 제2의 도시 가오슝 도심에서 석유화학공단 등에 공급하는 프로필렌 공급관에서 누출이 일어나면서 연쇄 폭발로 이어졌다. 이 사고로 최소 24명이 숨지고 290여 명이 부상당하는 대형 참사가 일어났다. 현지 뉴스전문 채널 TVBS 등에 따르면 이 사고는 가오슝 시 첸전구에 있는 지하 석유화학 물질 공급관에서 누출이 일어나 인근 하수도 통로 등으로 가스가 퍼지면서 연쇄 폭발이 발생한 것으로 전해졌다. 사고 원인이 언론에 드러나면서 노후 설비 문제는 큰 화두가 됐다. 연결배관이나 밸브, 바스켓 등의 노후화로 심심치 않게 누출이 일어나는 석유화학공단의 사례를 비추어 볼 때 석유화학공단 공급관의 이상으로 인한 누출일 가능성이 높아 보인다는 것이었다. 대만 가오슝 시가 대한민국 여수시, 울산시가 될 수도 있다는 위험신호였다.

  이 사고물질인 프로필렌은 폴리프로필렌이라는 플라스틱 재료를 만드는 기초 원료다. 휘발유를 만드는 원유 분해 과정에서 부산물로 생성되거나 원유를 증류할 때 유출되는 나프타를 분해해 에틸렌을 만드는 과정에서 부산물로 생성되는 화합물질이다. 일상용품에 들어가는 모든 플라스틱과 PVC 제품에 쓰이고 있으며 음식을 담을 수 있는 플라스틱 용기, 의료용 주사기 등의 제품을 만드는 재료가 된다. 폴리프로필렌은 세상을 바꾼 발명품 1001가지 중 하나로 꼽히기도 할 만큼 석유화학산업에서 중요한 위치를 차지하고 있다. 때문에 우리나라 석유화학 산업단지에 필수적으로 존재한다. SK가스, 효성, 여천NCC, 롯데케미칼 등은 대규모 신증설 투자를 통해 생산 능력을 늘리고 있는 상황이다. 문제는 우리나라도 대만처럼 석유화학 산업단지 배관을 통해 이러한 물질들이 연결되어 있다는 것이다. 노후된 설비 문제로 누출사고가 발생한다면 연쇄 폭발사고로 인해 언제든 화약고가 될 수 있음이 알려진 것이다. 더욱이 지하배관에 대한 모니터링이나 점검이 제대로 이루어지지 못하고 있다는 기사가 나오며 국민적 불안감은 더욱 높아졌다.

바늘 허리에 실 매 쓴다?

두 개의 큰 사고 후 고용노동부, 환경부, 산업통상자원부는 며칠 만에 정부합동조사단을 꾸렸다. 30년 이상 가동 중인 노후 화학설비 보유 사업장 495곳 중 국가산업단지 내 사업장 205곳은 8~9월 중에 1차 조사하겠다고 밝혔다. 나머지 290곳은 10월 이후에 추가 조사하며 관계 기관 전문가로 14개 조사반을 구성해 화학물질 제조·취급·저장시설 전체에 대해 종합진단에 준하는 정밀조사를 실시하겠다는 계획을 발표했다. 당시를 돌아보면 정부가 급하긴 급했던 모양이다. 부랴부랴 발표된 정밀조사가 잘 됐다면 그게 더 이상한 일이었을 것이다. 한마디로 급조된 조사결과였다. 조사결과를 옮기기도 창피할 정도였으니 말이다. 14개 합동조사반은 사업장에 미리 연락해서 방문하고 안내에 따라 공장외관 한번 쭉 둘러보고 사무실에서 1시간도 안 되는 미팅을 하고 회사가 준 자료를 받아 간 게 전부였다.

《일과건강》이 2014년 12월 3일 전국플랜트노조, 화학섬유노조 등과 공동주최한 산업단지 노후 설비 개선대책토론회에서 발표된 조사결과는 '조사해 보니 오래되고 작은 사업장의 설비가 더 노후가 됐더라, 노후 설비는 밸브, 배관이 많더라(이는 밸브, 배관이 다른 설비보다 월등히 수가 많기 때문에 당연한 일이다)' 정도의 결과였다. 당시 겨우 3쪽 분량의 발표자료를 별도로 복사해온 고용노동부 담당자의 발표 내용이었다. 추가 조사와 이후 산업단지 노후 설비에 대한 제도 개선

약속을 받은 것으로 위로 삼았었다. 하지만 그 후 큰 변화는 없다. 다음해인 2015년 6월 또 한 번의 노후 화학설비 실태조사 결과 발표가 있었지만 같은 수준이었다. 그리고 아직까지 제도 개선 대책은 오리무중이다.

노후 설비 문제가 반짝 쟁점이 되었던 2014년 이후로 화학사고는 매년 계속되고 있고 그 사고의 주요 원인을 환경부 화학물질안전원의 최근 통계로 살펴보면 시설관리 미흡으로 인한 사고가 40%로 가장 비중이 높다. 노후된 설비를 제대로 관리하지 못한 것이 주요 원인이라는 점이 정부 통계로 확인된 것이다. 환경부 화학물질안전원 화학물질종합정보시스템 화학사고 통계에 따르면 2014년부터 2019년까지 6년간의 화학사고 507건의 원인으로 시설관리 미흡이 209건(41.3%)으로 가장 높았고 작업자 부주의가 184건(36.3%), 운반차량 사고가 105건(20.7%)이다.

또한 한국은행 자료에 따르면 지난 20여 년간 계획 예방정비에 소요되는 수선비 비중이 제조원가에서 계속 줄어들고 있는 것을 발견할 수 있다. 이는 제조원가에서 원재료비나 인건비는 지속적으로 늘어나는 반면 수선비가 계속 감소하고 있기 때문이다. 바로 노후 설비에 대한 예방 정비 점검이 제대로 안 되고 있음을 방증하는 자료이다.

노후 설비 문제, 누구의 책임인가?

이윤만 좇는 기업에게는 정상적인 생애(교체)주기를 지키고 질 높은 자재를 사용하라는 요구가 순진한 요구로 들릴 것이다. 그런데 만약 폭발이나 누출이 일어나 노동자와 시민이 다치거나 사망하게 된다면 이 책임은 누구에게 있는 것인가. 당연히 노후 설비를 가진 기업이다. 사고가 나서 뒤처리를 하는 게 무슨 의미가 있나. 사고가 나지 않도록 하는 것이 무엇보다 중요하다.

우리나라에는 '시설물의 안전 및 유지관리에 관한 특별법'이라는 것이 있다. 교량, 터널, 항만, 댐 등을 정부와 지자체가 직접 안전관리해야 하는 법이다. 그런데 공공시설물보다 더 위험한 산업단지 특히, 화학설비 시설물에 대한 안전관리특별법은 없다. '왜 없지? 있어도 벌써 있었어야 하는 법인데!'라는 생각이 수백 번은 들 법하다. 혹자는 산업단지 시설물은 사업주 자산인데 다르지 않느냐고 반론한다. 비록 개인 자산이지만 공공의 안전을 위협하고 있기 때문에 사업주의 책임을 묻고 감독하는 것은 정부와 지자체의 책무이기도 하다. 이 법은 사업주의 책임에 면죄부를 주려는 것이 아니다. 정부와 지자체가 사업주의 관리 실태를 지도, 감독하고 더불어 교체비용 등을 보조해주는 내용을 담고 있다. 정부는 2021년인 이제라도 약속했던 2차 전국 산업단지 실태조사사업을 재개하고 '산업단지 시설물 안전관리특별법' 제정에 적극 나서야 한다.

시한폭탄을 안고 달리는 화물차

현재순

시한폭탄은 타이머로 설정한 만큼의 시간이 지나면 자동으로 터지는 폭탄이다. 시한폭탄은 테러, 암살, 방해 행위, 전쟁 등 다양한 목적으로 사용된다. 극적인 긴박함을 주는 방법으로 스릴러, 액션 영화에 자주 등장하는 소재이기도 하다.

2015년 10월 16일 중부내륙고속도로 상주터널 안에서 시너*를 싣고 가던 트럭이 전복되며 폭발하여 운전자를 포함한 21명이 중경상을 입고 10여 대의 차량이 불타는 대형사고가 발생했다. 다행히 사망자는 없었지만 터널 안 맞은 편 차선과 뒤따르던 차량들이 유독물을 싣고 있어서 자칫 대형 참사로 이어질 뻔한 사고였다.

당시 터널 안 사고 영상은 국민들에게 너무나 충격적이었

---

* 신경독성, 발달독성, 생식독성이 있는 톨루엔을 비롯해 1급 발암물질인 벤젠이 함유된 나프타 등으로 구성. 인체 흡입 시 구토, 호흡곤란, 두통, 질식, 의식불명, 혼수상태에 빠질 수 있고 장기간 노출 시 신경계통과 생식계통에도 영향을 줄 수 있는 폭발성이 강한 유독물질이다.

다. 영화에서나 보던 모습이 현실에서 재현됐다고나 할까. 나는 여느 때와 마찬가지로 화학물질감시네트워크《일과건강》명의의 성명을 발표했다. 여론의 관심이 집중된 덕분에 조회수는 급증했고 관계 부처는 화학물질 운반차량 문제에 대한 의견 청취를 위한 간담회 개최를 알려왔다.

관계 부처가 입주해 있는 서울 어느 빌딩 사무실에 10여 명이 모였다. 석유화학공단 기업체, 화학물질 운송업체, 탱크로리 화물노동자, 관계 부처, 시민단체가 모여 현재의 화학물질 운송 실태와 문제점, 개선 대책을 논의하는 자리였다. 급하게 간담회를 진행해서인지 준비된 것은 없었다. 화학물질취급업체와 운송업체의 의견을 듣는 수준이었다. 이후 조속한 방안을 세우기 위한 관계 부처의 후속조치가 있어야 한다는 필요성을 확인하는 자리였다.

타이머 설정 시간이 되면 터지는 시한폭탄! 이 단어를 이 자리에서 들었다. 탱크로리 화물노동자는 '우리는 시한폭탄을 안고 전국을 누비고 있다. 언제 어디서 이번 사고와 같은 대형 사고가 날지 모른다. 시급히 개선대책이 마련되길 바란다'며 간절하게 호소했다. 그 뒤로 환경부는 운송체계를 조사하겠다, 운반차량 실시간 추적 시스템을 구축하겠다, 운송화물노동자의 처우를 개선하겠다는 등의 갖은 처방을 약속했다. 그러나 근본적인 사고 예방은 여전히 난관에 봉착해 있다.

화학사고 원인 중 20%를 차지하는 운송차량사고

5년이 지났지만 이러한 운송차량사고는 여전히 끊이지 않고 잊을 만하면 발생하고 있다. 환경부 화학사고 통계에 따르면 2014~2019년 6년간 발생한 화학사고 507건의 원인 중 운송차량사고는 105건으로 20.7%을 차지하고 있다. 2015년 상주터널 사고 이후 2016년 21건, 2017년 19건, 2018년 10건, 2019년 12건으로 조금씩 줄어들고는 있지만 사고의 위험은 여전하다.

2018년 1월 여수시는 여수산단에서 잦은 화학물질 사고가 발생하자 2017년 9월부터 12월까지 여수산단 53개 석유화학 업체를 대상으로 특별안전점검을 실시했다.

이 결과 총 369건의 지적사항이 나왔다. 주요 내용은 안전밸브·압력계 관리 미흡, 부식 볼트·너트 방치, 가스누출검지기 설치 위치 부적정, 전기설비 차단기 용량 선정 부적정 등으로 화학사고 주요원인인 시설관리 미흡이었다. 하지만 이러한 대대적인 안전점검에도 사고 중 20%를 차지하는 운송차량사고와 관련된 내용은 없었다. 여수산단 주변도로에는 하루 최대 1천 대 이상이 통행하고 있는데 운송차량에 대한 점검과 사고대책은 빠져 있는 것이다. 특별안전점검 전후인 2017년 8월과 12월, 그리고 2019년 1월에도 여수산단에서는 연이어 운반차량 누출사고가 발생했다.

2015년 우리가 지적했던 내용은 다음과 같다. "화물차 운반의 적법성을 따져봐야 한다. 현행 화학물질관리법은 시너 등 유해화학물질을 운반하려는 자가 영업허가를 받고 운반계획서를 지방환경청에 제출하고 운반차량에는 유해화학물질에 관한 표시를, 운반하는 자는 안전교육을 받도록 규정하고 있다. 위반 시 각각 3년 이하의 징역이나 5천만 원 이하의 벌금에 처하게 되어 있다. 하지만 현실에서는 제대로 된 관리·감독이 어렵다는 게 문제이다. 탱크로리와 트레일러 등 화학물질 운반차량은 사전 등록되어 환경부 관리감독 대상이지만 인력과 비용 등의 문제로 전체를 감독할 수 없는 게 현실이다. 더군다나 일반화물차에 적재되는 화학물질은 그나마 1톤 이상만 적용되고 있기 때문에 소규모 운반은 사각지대에 있다. 특히나 일반화물차로 운반할 경우 적재 시 안전조치 준수 여부를 관리감독하기가 쉽지 않다. 조사 과정에서 운송차량의 적합성 여부와 안전운행 절차 준수여부가 조사돼야 한다."

5년이 지나는 동안 연구사업도 진행되고 법도 체계화됐다. 화학물질관리법이 개정되어 운반 시 제출서류가 강화됐고 운반계획서 작성·제출도 세분화되는 등 이제 운반을 위해서는 지킬 것이 훨씬 많아졌다. 유해화학물질을 1회 1톤 초과 운반할 경우 반드시 운반업 허가를 받아야 하고 유해화학물질 운반자는 2년에 8시간의 안전교육을 받아야 하며 유해화학물질 운반차량 취급시설 검사도 받아야 한다. 1회에 허가, 제한, 금지, 사고대비물질을 3톤(그 밖에 유독물질은 5톤) 초과해 운반할 경우에는 운반계획서를 제출해야 한다. 또한 운반 중 화학사고 발생 시 15분 내 즉시 신고해야 한다(3번 위반 시 영업

허가 취소). 화학물질관리법 미준수 차량에 유해화학물질 표지만 부착한 후 유해화학물질을 운반하면 허가위반, 취급기준위반 등으로 고발 조치될 수 있다. 특히 운반계획서 제출에는 운반자, 운반시간, 운반경로노선, 개인보호장구, 휴식기간 등을 기재해야 한다. 운반계획서와 운반표시를 위반했을 경우에는 영업정지 1개월에 처해진다. 이처럼 제도는 세분화되고 강화됐다. 매년 줄어들고 있는 운반차량사고는 이러한 이유 때문일 수 있다. 그러나 5년 전 제기했던 관리감독의 문제, 1톤 미만 운반차량에 해당하는 사각지대의 문제는 여전히 남아 있다.

시한폭탄을 안고 달리는 화물차

정부는 2012년 구미 불산 누출사고 이후 화학물질 안전관리 종합대책을 발표했다. 당시 언론에 주목을 받았던 사업은 인공위성을 동원한 '화학물질 운송차량 실시간 추적시스템 구축'이었다. 언제 어디서나 사고 발생 시 신속한 대책 활동이 가능하다며 도입 의지를 밝혔었다. 하지만 이 계획은 아직 연구조사 사업도 마무리하지 못한 것으로 밝혀졌다. 그때뿐인 대책으로는 사고를 막을 수 없다. 이 추적 시스템은 화학물질관리법만이 아닌 위험물 전체에 대한 물류운송정책으로 통합되어 국토부·환경부·산업부·안전처 등 관계 부처 합동으로 위험물질 운송모니터링 대책을 추진하면서 마련됐다. 국토교통부는 유해화학물질, 고압가스, 인화성 물질 등 위험물질의

도로 운송 전체 과정을 실시간으로 모니터링함으로써 운송 사고와 환경적인 2차 피해를 예방하겠다며 근거법령인 물류정책기본법 개정안을 2017년 3월 21일 공포하고 그해 8월 하위 법령을 개정했다. 여기서 말하는 위험물질은 위험물안전관리법, 화학물질관리법, 고압가스안전관리법, 폐기물관리법 상 위험물, 유해화학물질, 고압독성가스, 지정폐기물이다.

 2012년 정부의 실시간 추적시스템 구축 발표 이후 5년 만에 발표된 '물류정책기본법' 개정안의 주요 내용을 간단히 소개하자면 다음과 같다. 이 개정안에서는 위험물질 운송을 통합적으로 관리할 수 있는 '위험물질 운송 안전관리센터' 설치 및 정보시스템 구축·운영과 대행기관(교통안전공단) 지정 등을 규정했다. 위험물질을 운송하는 차량의 소유자의 단말장치 장착, 운송계획정보 제출 의무를 규정하고, 이에 대한 위반 여부를 조사할 수 있도록 했다. 위험물질 차량이 단말기를 장착하지 않거나 기준을 준수하지 않았을 경우 개선 명령을 내리고, 개선 명령 미이행 시에는 운행 정지를 명할 수 있도록 했다. 국토교통부는 2018년에는 300여 대로 시범 운영하고 연차적으로 확대하여 18,000여 대에 적용할 계획이라고 발표했다. 하지만 그로부터 2년이 지난 2020년 현재 진행 상황을 알 길이 없다. 2017년 발표 이후 그 어디에도 후속 발표는 없다.

 그리고 가장 현실적이고 중요한 요구가 있었다. 2014년 9월 13일 전남 여수산단 진입도로에서 염산을 실은 탱크로리 차량이 전도되면서 염산이 누출되어 1명이 숨지고 6명이 부상당하는 사고가 발생했다. 당시 현장조사와 인터뷰에 따르면 운반차량 노후화와 운송체계의 비효율성으로 인한 운전자 피로 누적이 원인이었다. 불규칙한 운송날짜와 운송시간 등으로 몇 시간씩 대기한다거나 촉박한 운송시간 등으로 안전한 운송을 책임질 수 없게 만드는 구조적인 문제가 드러났던 것이다. 탱크로리 운전자는 '우리는 시한폭탄을 안고 전국을 휘젓고 다닌다'며 현실을 안타까워했다. 유독물인 화학물질 운송은 일반화물과 다른 관점에서 정책을 세워야 한다. 정부는 화학물질 운송차에 대한 책임을 지입차가 아닌 화학물질을 운반하려는 사업장이 전적으로 지면서 총괄하는 시스템을 도입해야 한다.

석유화학공단 기업체, 운송업체, 운송노동자가 머리를 맞대고 운반차량 노후화와 운송체계의 비효율성을 극복하기 위한 자리가 계속돼야 한다고 한 목소리를 냈었다. 어쩌면 현장에게 가장 필요한 부분일 이 문제는 아직 미지수로 남아 있다. 최근 몇 년간 사업장 안전보건 분야에서 원청이 책임성을 강화해야 한다는 사회적 요구가 높아지고 있다. 가장 위험한 유해화학물질 운반의 책임은 원청이라 할 수 있는 석유화학 산업단지의 대기업들이 나서서 져야 한다. 한 번의 운반을 위해 시한폭탄을 탑재한 차량에서 기약 없는 시간을 대기할 수밖에 없는 현실은 이제 개선될 때도 됐다. 그리고 그것은 화학사고의 20%를 예방할 수 있는 길이다.

고강도 등산이 직업인 사람들

허승무

국내 최대 취미생활, 등산

산이 정말 많은 나라 대한민국. 우리나라의 국립공원 중 77.3%가 산이다. 이러한 지리 조건 때문인지 등산은 취미활동 순위 중 1위로 꼽힌다. 거창하게 주기적인 활동까지 하지 않더라도 누구나 한번쯤 등산 경험이 있을 것이다. 가까운 곳에 산이 있으니까. '내려올 걸 왜 올라가느냐!'라고 말하는 사람 중에 하나인 나도 한라산, 설악산, 지리산, 북한산, 내장산, 관악산 등을 이런저런 이유로 올라가 보았다.

　사람들은 왜 등산을 할까? 호연지기를 키우기 위해서라거나 좋은 공기를 맡기 위해 혹은 돈이 많이 들지 않기 때문이라는 대답들을 접할 수 있다. 가장 대표적인 이유는 짐작하듯 '건강을 지키기 위해서'이다. 신선하고 시원한 공기를 마시면서, 일정의 칼로리를 소비하며, 성취감을 얻을 수 있는 등산은 분명 건강에 매우 좋은 활동임은 틀림없는 사실이다.

건강을 지키는 등산, 건강을 망치는 등산

성인병 예방으로 가장 추천되는 방법은 운동이다. 그중에서도 유산소 운동이다. 조금 빠른 속도의 걷기, 조깅, 수영, 자전거 등은 대표적인 유산소 운동이며, 등산도 그에 속한다. 엄밀히 말하면 등산은 '산 속에서 걷기'라 하겠지만, 단조로운 도심 속 걷기보다는 경사로 걷기를 통한 칼로리 소모량이 많으며, 신선한 공기와 자연경관을 즐길 수 있는 이점 덕분에 질리지 않고 운동을 지속할 수 있는 장점이 있다. 따라서 보건 측면에서 등산이 좋은 운동임은 확실하다. 또한 심장과 폐 기능 강화, 정신 건강에 대한 호기능도 등산의 이점으로 소개된다.

그런데 등산 중 발생하는 각종 사고에서 심장돌연사가 절반 이상(55%)을 차지한다는 국립공원관리공단(이하 공단)측의 발표가 있었다(국립공원관리공단 보도자료, 2017). 심폐기능 강화를 위한 운동에서 심장 돌연사가 가장 많이 발생했다는 아이러니한 내용이다. 이는 본인에게 맞는 적정량의 운동을 해야 한다는 교훈을 준다. 등산을 처음 접하는 초보자는 가벼운 산책 수준의 페이스로 시작하고 경험이 쌓이면 페이스를 올려야 한다. 동행자가 있다면 초심자에게 맞춘 페이스로 등산해야 한다. 이외에도 탈수, 온도(열사병, 저체온증)와 관련된 문제 등 본인의 신체 안정을 위한 신호에 주의하며 산행해야 한다. 발목이 삐긋했다던가, 미끄러짐에 의한 골절 등 안전사고 또한 주의가 필요한 부분이다. 건강을 위한 등산이 몸을 망가뜨리는 활동이 되어서는 안 되니 말이다.

"우리는 산행이 직업이다"

국립공원관리공단은 전국 22개 국립공원을 관리하고 탐방객들의 안전 보호와 안내를 위해 설립된 기관이다. 공단 내에는 여느 사업장과 마찬가지로 다양한 직군과 직종이 있다. 탐방객의 안전을 위해 탐방로를 점검하고 조치를 위해 순찰하기도 하며, 국립공원 내 동식물 연구를 위해 채취하고 분석하는 직종도 있다. 반달가슴곰이나 산양 등 멸종되어가는 우리나라 고유종을 복원시키기 위한 종복원기술원에는 수의사도 있다. 탐방로의 시설을 보수하고 설치하기 위한 직종도 있으며, 이분들의 주요 업무 중 하나는 데크(계단이나 전망대 바닥 등)와 관련된 작업이다. 대형 국립공원 중간에 있는 산장도 공단 직원들이 운영을 한다. 물론 산행보다 사무실 업무가 더 많은 사무직종도 있다. 공단의 직원들은 특수한 직종을 제외하고는 대부분 산행을 해야 한다. 동식물을 채취하기 위해서도, 탐방로를 점검하기 위해서도, 시설물을 설치하기 위해서도, 그들의 작업장은 산이 되는 것이다.

공단 직원들의 업무 강도를 조사했는데, 1일 평균 산행시간이 4시간 이상인 인원은 전체의 11.4%였으며, 2~4시간이라고 응답한 인원도 18.7%에 달했다. 매일 이 정도의 산행을 해야 한다? 일반인은 엄두도 못 낼 일이다. 등산에 미친 사람에게도 힘들지 않을까 싶다. 근골격계 질환에 대한 증상 호소율 조사에서는 70.4%가 증상을 경험한 적이 있다고 응답했고, 질환 의심자로 분류되는 기준으로도 21.7%의 호소율이 나타났다. 100명의 직원 중 20명 이상이 비교적 심한 통증을 호소하고 있는 것이다. 참고로 이러한 수치는 반복 작업이 많은 제조업의 호소율에 비해서도 낮지 않은 수치이다. 신체부위로 구분하면, 무릎(발목 포함)이 54.3%로 가장 불편한 신체 부위로 조사되었으며, 그 외 허리(38.4%), 어깨(35.7%)의 순으로 나타났다. 무릎이 불편해서 병원 치료를 받은 인원도 23.8%에 달했다. 허리, 어깨 증상 호소자가 가장 많은 일반적인 사업장의 증상 호소율과는 사뭇 다른 결과이다. 이 같은 결과는 작업요인이 영향을 미친 결과로 해석된다. 일반인들은 건강 증진을 위해 등산을 하는데, 누군가는 산행을 하는 동안 건강이 위협받고 있는 것이다. 앞서 설명한 잘못된 산행 방법, 페이스 조절의 실패, 탈수, 온도, 안전사고 등과는 다른 문제로 말이다.

산행을 단순하게 근골격계 측면에서 해석하면 다리 부위에 무리가 가는 행동이라 할 수 있다. 일반 등산인들도 다리 불편을 호소하는 사례가 종종 있는데, 이는 페이스 조절의 실패보다는 보행 방법이 잘못된 경우가 많다. 경사로의 오름과 내림에서 무릎이나 발목에 무리를 주지 않는 보행 방식을 알아둘 필요가 있다. 특히 내리막 경사에서 급하게 내려오는 것은 관절에 충격을 주고 발목이 삐끗하는 안전사고 위험을 키우는 일이다.

공단의 직원들 또한 산행 전문가답게 올바른 산행 요령, 방법이나 수칙들을 알고 있고 실천도 한다. 다만 노출 빈도나

시간, 횟수 등의 측면에서 일반 등산객과는 비교가 되지 않을 정도로 산행을 하다 보니 어쩔 수 없이 지치고 아프게 되는 것이다. 탐방객이 사고를 당해서 한시라도 빨리 구조를 해야 하는 경우, 뛰지 말라는 경고가 붙어 있는 탐방로에서도 숨이 턱에 차오를 만큼 뛸 수밖에 없는 경우도 있다. 지리산 깊은 골짜기에 방사된 반달가슴곰의 상태 확인을 위해 탐방로도 아닌 산길을 빠르게 뛰어다니는 경우도 있다.

　무거운 등짐을 메지 말라고 하지만 공단의 직원들은 산 위에 설치할 데크를 어깨에 메고 산을 올라야 한다. 부상자를 업고 운반하고, 반달가슴곰을 들것에 실어 그 험한 길을 내려오고 있다. 그들은 우리랑 신체구조가 다를까? 내 몸 하나 간수하기 힘든 산행 코스에서 그들은 슈퍼맨이라도 되는 걸까? 결코 그렇지 않다. 물론 우리보다 산행에 대한 지식도 풍부하고 효율적으로 산행하는 방법도 잘 알고 있고, 평소 많은 산행으로 산행에 필요한 특정 신체 부위의 근육량이나 폐활량 등이 우리보다 좋을 수 있지만 그 정도만으로 저런 초인적인 활동을 할 수 있는 것은 아니다. 아마도 책임감에서 비롯된 능력일 것이다. 인간의 생명을 보호하고자 하는 간절한 바람 때문일지도 모르겠다. 여하튼 이들 덕분에 우리는 가벼운 마음으로 산행을 한다. 한편 우리가 그들에게 몸을 혹사하라고 강요하고 있는 건 아닌지 마음이 무겁기도 하다.

국립공원관리공단 직원들의 작업강도

그렇다면 그들의 작업강도는 얼마나 될까? 나는 2012년 구조나 응급상황 같은 비정기적인 일들은 제외하고 가장 많이 수행하는 탐방로 점검, 자연 생태계 점검 등의 작업강도를 측정한 경험이 있다. 작업강도 측정 방법은 매우 다양한데, 그중에서 산행은 심박수와 에너지소모율을 이용하여 측정하는 방법이 가장 일반화되어 있다. 이는 간편하면서도 산행의 특성을 가장 잘 반영한 측정 방법 중 하나이다.

최근에 출시되는 스마트워치는 손목의 맥박수를 이용하여 심박수와 에너지소모율을 제공하는 제품들이 많다. 조깅과 같은 운동에서도 이용이 가능하지만, 산행에서 이를 지속적으로 이용한다면 본인의 산행능력에 대한 예측과 계획이 가능하고 그 수준에 알맞은 페이스를 조절할 수 있다. 이러한 훈련이 되어 있다면 산행 중 최대 사고인 심장돌연사 예방이 가능할 것이다.

국립공원관리공단의 직원들은 과연 슈퍼맨이었을까. 측정 결과를 한번 살펴보자. 심박수 측정 결과, 26개 측정 작업 중 14개(53.8%)에서 고강도 작업이 측정됐다. 중강도는 10개(38.5%), 보통 강도는 2개(7.7%)로 저강도 작업은 단 하나의 작업도 나타나지 않았다. 이 결과는 그들이 가장 많이 수행하는 주작업을 위주로 측정된 결과로서 대푯값으로 충분히 사용될 수 있는 표본이었다. 다시 말하면 그들의 작업 중 절반 정도는 고강도 작업에 해당된다는 것이었고 실제로 충분히 힘들게 느끼고 있다는 것이다. 고강도 작업이 어떠한 작업강도인지 잘 와닿지 않을 수 있겠다. Passmore&Durmin(1955), Gordon(1957) 등은 몇 가지 대표 작업들에 대한 분당 에너지 소모량 평균치를 보고했는데, 고강도 작업으로 '선 자세로 화로에 석탄 투입을 하는 삽질 작업', '약 10kg을 어깨에 메고 계단을 오르는 작업' 등을 예시했다. '삽질'은 해본 사람들은 다 아는 매우 힘든 작업이다. 두 번째 예시한 작업은 공단의 직원들이 자주 수행하는 작업과 유사하다. 측정 결과의 신뢰성이 확인되는 것 같다. 여하튼 산행 전문가인 그들에게도 산행은 힘든 일이다. 일반적으로 등산객들보다 더 무거운 등짐에, 보행 중 주변을 자세하게 관찰하거나 정화활동을 병행해야 하는 부담, 길이 없는 곳에서의 산행 등은 그 강도를 높이는 요인이 된다.

안전보건 시스템 마련을 위해

이러한 강도 높은 작업을 수행하는 공단 직원들을 위한 안전보건 대책은 아직 걸음마 수준이다. 안전보건을 전공하지 않은 직원들이 동료들의 안전보건 문제를 책임지고 있다. 해당 분야 전문가가 아니니 내부의 안전보건 정책뿐 아니라 시스템을 마련하기도 힘들다.

직원 한 사람 한 사람을 인터뷰를 하는 과정에서 그들이 산을 정말 좋아한다는 것을 느꼈다. 직접 그들의 작업을 접해

보고 동행 조사를 수행해보니 '진심으로 산을 좋아하지 않으면 그만두어도 벌써 그만두었겠구나'라는 생각이 절로 들었다. 그런데 이들의 노동은 생산품을 만들어내고 또는 서비스를 제공하고 큰 이윤을 창출하는 다른 직종의 노동과 달리 제대로 관심을 받지 못하고 있었다. 그러나 이들이 수행하는 노동은 국가의 가치가 되고, 국가의 품격이 되며, 국민의 안전이 되고, 국민이 누려야 할 행복이 된다.

하루 속히 국립공원관리공단의 안전보건 시스템이 마련되어 '아름다운 금수강산'이라는 우리의 국립공원도, 그곳에서 일하는 이들의 건강과 안전도 함께 지켜지기를 희망한다.

방치되고 있는 어업인의 근골격계 질환

허승무

수산물 소비 1위 대한민국

철마다 이른바 '제철 음식'이 있다. 누군가는 제철 음식을 먹는 것만으로도 보약이 된다고 한다. 과일은 대표적인 제철 음식이다. 봄철에 딸기, 여름에 수박, 가을에 사과, 배, 겨울은 귤. 제철에는 가격도 좋지만 맛과 영양분도 가장 좋은 때라고 한다. 우리가 먹는 수산물에도 제철이 있다. 유명한 제철 수산물은 봄에 도다리로 시작해서 주꾸미, 바지락, 꽃게, 오징어, 여름에 장어, 민어, 가을에 고등어, 갈치, 전어, 굴, 홍합, 겨울에 꼬막, 방어가 떠오른다.

 우리는 삼면이 바다로 둘러쌓인 반도답게 수산물에 익숙하다. 2017년 해양수산부 발표 결과를 살펴보면 2014년 기준 1인당 연간 수산물 소비량이 세계 1위를 차지할 정도이다. 1인당 수산물 소비량이 연간 60kg에 달한다고 한다. 이렇게 많은 수산물이 어디서 나오는 걸까? 대부분 바다라고 이야기할 것이다. 나는 '어업인의 노동'이라고 말하고 싶다. 이제부터 그 배경을 이야기해볼까 한다.

어업인의 특성과 안전보건 문제

나는 2015년 해양수산부 연구용역으로 어업인들의 안전보건 문제를 조사했었다. 면접 실태조사에서는 어업인의 가가호호를 방문하며 안전보건에 대한 전반적인 내용을 조사했고, 현장 조사에서는 실제 어작업 환경에서 안전보건 위험성이 얼마나 있는지를 조사했다. 나는 현장의 위험성 평가와 분석을 담당했는데 실제 어작업에 참여해 측정기계를 설치하고 동영상 촬영 후 그 위험성을 분석하는 업무를 수행했다. 작업현장을 따라 동해, 남해, 서해, 심지어 제주도까지 참 많이도 다녔다.

4년간 총 50,300가구 105,500명의 어업인에 대한 설문조사 결과, 어업인은 남성이 70% 이상(농업인은 약 54%), 50세 이상이 80% 이상(농업인은 약 77%)으로 남성 위주의 고령화 집단이었다. 가장 높은 보건문제는 근골격계 질환으로 약 40%가 해당 질환으로 병원 치료를 받았거나 받고 있다고 응답하였으며, 그다음으로는 당뇨/고혈압 > 심장 질환 > 호흡기 질환 등의 순으로 나타났다.

1년 평균 어업 활동일은 어선어업이 221.6일, 양식어업이 229.2일로 일반적인 직장인과 비슷했다. 어업 활동은 지역마다 다르긴 하지만 겨울철 작업은 많이 없고, 바쁜 시기에도 날씨에 영향을 많이 받는 특성이 있었다. 작업일의 평균 작업시간은 어선 7.0시간, 양식 6.6시간으로 일반 산업, 농업에 비하면 조금 적은 것으로 조사됐다. 4일 이상의 치료가 요구되는 질병 경험율이 7.5%로 나타났는데, 일반 산업의 0.05% 수준과는 비교도 되지 않을 정도로 높게 나타났다.

이는 어작업의 인구적/지리적 특성이 반영된 결과로 해석되는데, 고령인 특성상 같은 사고라도 치료 기간이 길다는 점, 대부분 의료기관의 접근성이 좋지 않아 증상이나 통증이 발현되어도 참고 참다가 병원을 방문하는 사례가 많은 점이 영향을 끼친 것으로 보인다. 이와 함께 상대적으로 적은 작업일수와 작업시간에도 불구하고 국내 평균 노동자나 농업인에 비해 높은 질병 및 손상 발생률을 보이는 것은 작업일 동안의 노동 집약도가 높거나 위험 요인에 대한 노출 수준이 높기 때문으로 판단되었는데, 이 점은 현장조사 결과에서 확인할 수 있었다.

설문조사 결과 어업인의 가장 많은 질환은 근골격계 질환으로 나타났다. 하루 이상 쉬어야 하는 근골격계 질환 재해율은 어선어업 3.7%, 양식어업은 2.1%, 나잠(해녀)은 7.6%까지 나타났다. 일반산업의 재해율이 0.03%인 것에 비해 최소 10배 이상 높은 수준이다.

앞서 설명한 높은 평균 연령의 고령화 집단, 오랜 작업력 및 보건의료 서비스의 접근성 문제로 인한 늦은 질환 발견 등도 유병율을 높이는 데 기여하고 있지만 이외에도 작업보조도구의 이용이나 개선의 어려움, 산업기술의 적용 시도 자체가 적고, 소규모 자영업으로 투자에 어려움이 많아 작업환경 개선이 쉽지 않은 이유가 있다. 또한 어업인들 스스로 근골격계 질환을 개인 질환으로 치부하는 경향이 많고, 법적 제도의 제한으로 관심의 크기 또한 일반 산업체에 비하면 매우 적은 요인 등 다양한 원인과 이유들이 어업인의 근골격계 질환 방치 이유로 나타났다. 어업인들이 가장 많이 질환을 호소하는 신체부위는 허리 > 손 > 목 > 무릎 순으로 나타났다. 일반 산업에서 허리 > 어깨 순위인 것과는 다소 차이가 있고 이는 작업환경의 차이로 분석됐다.

이러한 어작업자의 안전보건 문제 개선을 위해 해양수산부와 3개의 어업안전보건센터는 어업인에 대한 교육에서부터 진단, 치료 등 다양한 노력들을 수행하고 있다. 법과 제도권에서도 기존 2004년의 어선원재해보험법을 통한 안전사고에 대한 보상과 함께 2011년 '농어업인 삶의 질 향상 및 농어촌지역 개발촉진에 관한 특별법'(기존은 임업을 포함하여 2004년 제정) 등 다양한 어업인의 권리 보호를 위한 법규들이 제정됐다. 또한 2016년 농어업인의 안전보험 및 안전재해예방에 관한 법률(약칭 농어업인안전보험법)을 통해 좀 더 넓은 차원의 권리보호와 안전보건 문제들이 다루어지고 있다.

그러나 이러한 법규는 제정만으로 실효성이 담보되지 않는다. 구체적이고 실천적인 지원 방안들이 검토되고 작동될 때 그들의 소중한 노동이 지켜지리라 생각된다. 그들의 소중한 노동이 지켜질 때 우리의 식탁도 풍성해질 것이다.

3부

드러나지 않기에
더욱 위험한

시민은 노동자를
어떻게 존중해야 하는가

환경미화원은 왜 가장 위험한 직업이 되었을까?

김신범

지금은 사라졌지만, 종로 미문화원 근처 공원에는 컨테이너 박스가 놓여 있었다. 환경미화원들이 돈을 모아 마련한 휴게실이었다. 그 날은 눈이 왔는지 비가 왔는지 정확히 기억나진 않지만 꽤 흐린 저녁이었다. 열린 문 사이로 비스듬히 누워 있는 이수일 씨(가명)가 보였다. 문을 열고 들어가자 주황색 방한모와 연두색 형광 근무복을 착용하면서 일 나갈 준비를 하는 환경미화원이 인사했다. 이수일 씨는 검은색 점퍼와 검은색 바지를 입고 있었다. 그래서인지 벌어진 점퍼 사이로 살짝 집어넣은 손이 더욱 도드라졌다. 네 번째와 다섯 번째 손가락이 만나는 곳부터 손등을 향해 3센티미터 꿰맨 흔적이 보였다. 공상이라고 했다. 회사에서 월급은 나오는데 이게 다 노동조합이 있어서 가능한 거라고 했다. 이수일 씨가 그랬는지 그 옆의 노동조합 종로지부장이 그랬는지는 기억나지 않는다. 파상풍 주사는 맞았냐고 내가 물어봤던 것도 같고 아닌 것도 같다.

2008년부터 2010년까지 나는 환경미화원의 근무환경과 산업재해에 대해 조사하고 대책을 마련하는 일을 했다. 그 과정에서 내내 종로의 휴게소와 같은 상황을 마주했다. 이수일 씨처럼 손을 다쳐 일을 잠시 쉰 건 심각한 일 축에도 끼지 못했다. 환경미화원들은 그 자리에 없는 동료를 기억했다. 쓰레기 수거 중에 음주 차량에 치어 사망한 김씨, 쓰레기 수거 차량 압축기에 말려들어가 죽은 황씨, 신속하게 청소하느라 차량 뒤에 올라타고 가다가 떨어져 죽은 정씨. 그런 이야기의 끝에 나는 직업상 질문 하나를 꼭 해야 했다.

"폐암으로 돌아가신 분은 없나요?"
"어… 누구지? 이씨 맞지? 근데 담배도 많이 폈어. 술도 좋아했고. 담배 끊어야지. 폐암은 왜?"
"자동차 매연요. 쓰레기 차 뒤에 따라가면서 계속 마시잖아요. 그게 폐암을 일으킬 수 있어서요."
"담배도 폐암 일으키지? 끊는 게 좋긴 한데… 허허허"

참 이상한 건, 이런 이야기들을 나눌 때 슬픈 느낌 같은 건 잘 들지 않는다는 거다. 내게 드는 느낌은 자다가 막 일어나 몸에 힘이 잘 들어가지 않는 느낌, 무력감 같은 느낌이다. 이럴 땐 버럭 화를 내는 사람들이 옆에 있으면 나도 정신이 번쩍 든다.

"이게 그래도 할 만한 일인데, 내가 도저히 꼴불견이라 못 봐주겠는 게 있어. 음식물 쓰레기 차 지나가면 코를 막고 얼굴 찡그리는 사람들. 지들이 먹은 건데 그거 냄새난다고 호들갑 떠는 게 제일 짜증나는 거야. 내가 쓰레기 치우려고 가면 피하는 사람들."

'녹색일자리'라는 말이 있다. 환경을 지키는 일을 멋지게 부르는 이름이다. 쓰레기 재활용 관련 일이 대표적인 녹색일자리이다. 그런데 녹색일자리에는 비밀이 하나 있다. 녹색일자리가 지구를 녹색으로 만드는 데 기여하는 것은 맞는데, 하는 일은 녹색이 아니다. 녹색일자리에서 일하는 노동자들의 환경과 인권은 열악하다. 환경미화원이 그렇다. 우리나라만 그런 건 아니다. 외국 통계에 따르면 환경미화원은 소방관이나 경찰보다 더 위험한 직업이다. 산업재해로 사망할 확률이 더 높기 때문이다. 10만 명당 사망자수로 보면 소방관이 9.9명, 경찰관이 19.9명, 환경미화원이 32.1명으로 나타났다.* 미국 정부 통계자료 중에는 미국 전체 직업 중 다섯 번째로 위험한 직업이 환경미화원이었다.**

---

* "National Commission of Inquiry into the Worker Health and Safety Crisis in the Solid Waste Industry", in *In Harm's Way*, 2008.
** US Department of Labor, "Bureau of Labor Statistics, Current Population Survey, Census of Fatal Occupational Injuries, and US Department of Defense", 2005.

나는 궁금해졌다. 환경미화원이라는 직업은 처음부터 위험한 직업이었을까? 그럴 수도 있다. 쓰레기 봉지에 날카로운 주사기 바늘이 들어 있다가 봉지를 들어 올리는 과정에서 환경미화원이 찔릴 수 있고 하필이면 감염된 혈액이 묻어있던 주사기여서 환경미화원이 감염될 수도 있다. 쓰레기 더미 속에 있던 날카로운 철사나 못에 신발을 찔려 발에 상처를 입고 파상풍에 걸리는 일도 가능하다. 청소차량 뒤에 매달려 다녀야 하니 교통사고 추락 사고는 당연한 결과일 것도 같다. 매연을 많이 마시고 황사나 미세먼지에도 노출되니 폐가 안 좋은 건 당연한 것이 아닐까 싶다.

그런데 또 궁금해졌다. 원래부터 일을 이렇게 밖에 할 수 없었던 것인가? 그런 생각을 하자 환경미화원의 일이 달리 보이기 시작했다.

인슐린 주사와 같이 집에서도 주사기를 많이 쓰는 시대가 왔다. 정부는 날카로운 바늘을 두꺼운 종이로 싸서 일반 쓰레기봉투에 담아 버리라고 안내한다. 만약 지침을 지키지 않는 환자들이 있다면 그 피해는 환경미화원에게 고스란히 돌아간다. 이래도 되는 것일까? 병원에서 처방을 해서 환자가 스스로 주사를 놓는 것이므로, 주사기는 병원으로 다시 가져오게 해서 의료폐기물로 처리하는 게 맞을 것 같다.* 환경미화원들

---

*   조민규. "'자가주사제' 의료폐기물인가, 생활쓰레기인가", 《국민일보》, 2018년 9월 12일자.

의 발은 왜 날카로운 금속에 찔리는 걸까? 그들의 신발은 운동화다. 바닥이 단단한 안전화가 지급되지 않기 때문이다. 때로 안전화를 지급해도 환경미화원이 운동화를 고집하기도 한다. 수거차량에서 자주 뛰어내려야 하고 골목을 뛰어다녀야 하니까 운동화가 편하다. 빨리 일해야 하니까 차량 조수석에 탔다가 내리질 않고 뒤에 매달렸다가 뛰어내린다. 무릎도 성치 않다. 그런데 쓰레기 수거 차량은 특수차량인데 차량 프레임은 일반 트럭용이다. 차체부터 바꾸어서 쉽게 타고내릴 수 있게 하면 이런 문제들이 사라질 수 있다. 저층 프레임 청소차의 도입이 필요하다.

사고가 많은 이유 중에 또 하나는 밤에 작업하기 때문이다. 지자체는 낮에 쓰레기를 치우는 모습을 보이지 않고 싶어 한다. 과소비를 유지하려면 쓰레기에 대한 부끄러움을 제거해야 하기 때문이라고 한다.

환경미화원이라는 직업은 원래부터 위험한 것은 아니었을 것 같다. 그렇다면 점점 위험해졌다는 얘기인데, 어떻게 그런 일이 생긴 것일까?

매년 한 번씩은 뉴스에 등장하는 단골메뉴 중 하나가 환경미화원 채용의 치열한 경쟁률 또는 석사학위 환경미화원이다. 그런데 뉴스는 이때 이 환경미화원이 지자체가 직접 고용하는 환경미화원이라는 이야기를 빼놓고 보도한다. 지자체 직고용, 쉽게 이야기해 정규직 환경미화원은 임금도 안정적이고 복리후생도 괜찮다. 하지만 위탁업체의 환경미화원들은 임금도 낮고 복리후생도 엉망이다. 지자체가 청소행정의 비용은 낮추고 서비스는 개선한다면서 청소업무를 아웃소싱하기 시작한 지 20년도 넘었다. 그사이 환경미화원이라는 직업은 점점 더 위험해져갔다. 청소라는 업무가 가진 가치에 비해 위탁비용은 너무 저렴하다. 청소 위탁업체 대표가 남겨 먹으려면 환경미화원 임금을 적게 주는 것밖에 없다. 옷도 적게 주고 신발도 안 주면 돈이 남는다. 마스크 같은 것은 아예 말도 꺼내지 못하게 하면 돈이 남는다.

2009년 환경미화원의 목소리를 사회에 전달하는 캠페인이 만들어졌다. "환경미화원에게 씻을 권리를" 캠페인이다. 단지 환경미화원의 얼굴과 옷에 미생물이 잔뜩 있어 위험하다는 것을 이야기하기보다는, 환경미화원이 이렇게 일해도 되는가 하는 질문을 던지려고 했다. 동네 주민들에게 묻고 싶었다.

"구청에서 세금을 아낀다며 청소업무를 위탁했는데, 그 덕분이 환경미화원의 일자리가 엉망이 되고 있습니다. 주민 여러분이 동의해준 것 맞습니까?"

2016년에는 아름다운재단, 노동환경건강연구소, 건강세상네트워크가 공동 연구를 수행하고 다음과 같은 메시지를 내건 캠페인도 진행했다. "환경미화원의 손을 보호해주세요!"

캠페인을 했다고 당장 변화가 오는 건 아닌 듯하다. 하지만 조금은 희망이 보이기도 한다. 환경미화원의 직업을 위험하게 만드는 요인들을 줄여나가려는 변화가 만들어지고 있기 때문이다. "종량제 쓰레기봉투 중 가장 큰 100리터짜리 봉투가 환경미화원의 부상을 유발하는 경우가 잦아 전국 지자체들이 제작을 중단하는 사례가 잇따르고 있다"*거나 "환경미화원의 안전을 위해 근무시간을 새벽 시간대에서 낮으로 변경한다. 환경부는 이 같은 내용을 담은 '환경미화원 작업안전지침'을 전국 지자체에 6일 통보한다고 5일 밝혔다"**는 소식이 들려온다.

　이러한 변화가 찾아오는 이유는 환경미화원의 열악한 상황이 사회와 공유되었기 때문이다. 다시 말해 청소 서비스를 누리는 국민들이 환경미화원을 지켜야 한다는 생각을 더 많이 갖게 되었기 때문에 지자체들이 좀 더 노력하게 됐다는 뜻이다. 우리 지자체는 쓰레기봉투 사이즈가 어떻게 되지? 우리는 밤에 수거하나? 청소차 뒤에 매달려가는 걸 방치하고 있는가? 청소 인력이 부족해서 너무 오랫동안 일하고 정신없이 뛰어다는 건 아닌가? 주민들이 이런 질문을 던질 줄 아는 동네는 더 빠른 변화가 찾아올 게 분명하다.

---

*　"환경미화원 골병들게 하는 100L 종량제 봉투 퇴출 잇따라", 《연합뉴스》, 2020년 2월 1일자.
**　"18명 사망케한 환경미화원 근무시간 낮으로 변경", 《이투데이》, 2019년 3월 5일자.

아름다움을 만드는 손, 네일 아티스트

최인자

언제부터인가 20~30대에서 웰루킹Well-looking족이란 용어가 생겨났다. 웰루킹은 직역하면 '잘 보여지는 것'인데, 외형적인 미에 중점을 두고 건강하고 아름답게 사는 것을 의미한다. 웰루킹족을 소비층으로 다른 사람의 아름다움을 추구하는 직업이 있다. 헤어숍 종사자, 메이크업 종사자, 피부미용 종사자 그리고 네일숍 종사자 들이 그러하다.

   우연한 기회에 미용업 종사자들에 대한 작업환경 실태를 파악하는 연구에 참여했다. 가장 관심을 갖게 된 것은 네일숍이다. 네일숍은 깨끗하고 예쁘게 잘 정돈된 모습이다. 젊은 여성뿐만 아니라 남성 그리고 40~50대 여성들 사이에서 네일 아트가 유행하면서 네일숍은 빠르게 증가했다. 실제로 2018년 기준 우리나라 전국 네일숍 수는 총 13,258개로 조사됐다. 2013년 환경부 조사에서 전국 네일숍 수를 6,803개로 보고한 것과 비교하면, 5년 동안 거의 2배나 증가한 셈이다*. 더불어 네일숍 종사자들도 꾸준히 증가했다. 아름다움이라는 용어에 가려져 얼핏 화려한 직업일 수 있겠다 싶지만 모든 노동이 그러하듯 네일숍 종사자들의 고통과 불편함도 상당하다. 그 이야기를 해보려 한다.

네일 제품은 화학물질로 만들었다

2015년 《뉴욕타임즈》는 네일 아티스트의 작업환경과 잠재적 건강 위험에 대한 특집기사를 2회에 걸쳐 실었다. 특히 2번째 기사의 제목이 "완벽한 손톱을 위해 죽어가는 노동자들 Perfect Nails, Poisoned Workers"이었다. 기사에서는 여러 번의 유산을 경험한 노동자, 폐에 염증이 생긴 노동자, 천식이나 피부질환으로 고통받은 노동자 등의 사례를 보고했는데, 당시 사회적인 반향을 일으켰다. 네일숍에서 사용하는 제품에 들어 있는 화학물질이 이러한 직업병의 원인이었다.

네일숍에서 사용하는 수많은 제품은 대부분 화학물질로 만들었다. 각양각색의 매니큐어(또는 '네일 폴리시'라고도 불린다), 리무버, 젤, 살균제 및 접착제까지 다양한 종류의 제품들이 사용된다. 매니큐어나 리무버 뚜껑을 열었을 때 코를 찌

---

* 최인자 등, 「네일샵 종사자의 직업성 건강위해요인 평가」, 안전보건공단, 2018.

르는 듯한 냄새가 훅 올라온 경험이 있을 것이다. 이러한 냄새는 용기 안에 들어있던 성분들이 공기 중으로 휘발되어 발생한 것이다. 공기 중으로 쉽게 휘발되는 특성을 가진 휘발성 유기화합물VOCs이 매니큐어의 주요 성분이다. 매니큐어는 휘발성 유기화합물뿐만 아니라, 화려한 색상을 내기 위해 중금속도 들어있다. 매니큐어를 지우는 리무버의 주요 성분은 아세톤과 알코올이다. 네일숍에서 자주 사용하는 화학물질 중 대표적인 유해화학물질들은 프탈레이트, 폼알데하이드, 톨루엔으로, 'Toxic Trio'로도 알려져 있다. 특히 한 개의 네일 제품에는 수 종에서 수십 종의 화학물질이 들어있다. 이러한 화학물질의 종류는 발암성, 생식독성, 신경독성과 같은 독성이 강한 물질부터 호흡기 질환이나 피부 질환을 일으킬 수 있는 유해물질까지 다양하다.

화려할수록 심한 화학물질 노출

네일숍 문을 열고 들어갔을 때 느껴지는 냄새는 화학물질이 사용됐다는 증거이다. 그렇다면 이토록 냄새 가득한 공간에서 하루 종일 일하면서 숨을 쉬어도 괜찮을까? 냄새가 강할수록 매니큐어나 리무버를 반복적으로 사용했다는 것이고, 이는 고객이 많았다는 뜻이니 좋은 일이겠지만, 계속해서 손톱을 칠하고 반복해서 매니큐어를 지우고 인공손톱을 떼거나 붙이거나 다듬을수록 네일 아티스트는 해로운 화학물질에 더 많이 노출되는 셈이다.

공기 중으로 발생된 유해물질과 먼지는 숨을 쉬면서 또는 피부 접촉을 통해 노출될 수 있다. 실제로 네일 아티스트는 다양한 건강 영향을 경험하고 있었다. 가장 흔한 증상은 안구건조, 안구통증 및 따가움, 콧물, 코막힘, 코 점막건조 및 통증과 같은 알레르기 증상이었다. 다음으로 피로감, 두통, 어지러움, 구토 및 매스꺼움, 집중력 저하 등의 신경계 증상, 두피 가려움, 안면발진 및 가려움, 여드름, 손건조 및 습진 등의 피부 증상, 기침, 가래, 가슴 통증 등의 호흡기계 증상 등이 있었다.*

> "아크릴이나 일반 폴리싱을 하다 보면 냄새가 너무 심해서 머리가 너무 아파요."
> ─ 6개월 경력의 20대 네일 아티스트

> "밀폐된 공간에서 계속 일을 하잖아요. 집에 가서 샤워하면 한 시간 동안 계속 기침 나고 콧물 나요."
> ─ 9개월 경력의 20대 네일 아티스트

> "눈이 따끔따끔해요. 시술 중에. 그냥 다 그런 것 같아

---

* 최인자 등, 「네일샵 종사자의 직업성 건강위해요인 평가」, 안전보건공단, 2018.

요. 하다가 중간에 갑자기 눈이 따가워요."
― 4년 경력의 20대 네일 아티스트

"큐티클 리무버 자체가 손에 닿으면 각질층이 일어나요. 그러니까 당연히 왼쪽 손은 항상 짓물러 있고 각질 진물 난 것처럼 너덜너덜 그래요. 그러면 손 씻어줘야 하는데…."　― 15년 경력의 40대 네일 아티스트

"아세톤이나 리무버에 제가 반응을 하는 것 같아요. 그런 걸 맨손으로 하다보니까 어느 순간 손바닥이랑 손이 껍질이 다 벗겨지더라구요. 그러면 장갑 끼고 일을 하기도 하고요."　― 9개월 경력의 20대 네일 아티스트

　대부분은 본인이 경험한 증상이 네일 제품에 들어 있는 화학물질에 노출되기 때문인 것을 알고 있었다. 다만 그 원인물질에 대해서 자세히 알지는 못했는데, 네일 자격증을 취득하거나 계속 일을 하면서도 사용하는 제품 혹은 화학물질에 대한 정보를 얻을 수 있는 기회가 전혀 없었기 때문이라고 했다.
　대부분의 네일 아티스트는 여성이다. 특히 20~40대가 많다. 다양한 화학물질 노출 문제에 있어서 임신은 매우 중요한 이슈이다. 네일 아티스트로 일하는 동안 임신을 하기도 하며, 임신 기간 내내 일을 지속하는 경우도 많았다. 뱃속의 태아도 화학물질에 함께 노출이 되는 셈이다. 아직까지 네일숍 종사

자 여성의 태아에 대한 연구는 거의 없다. 그러나 유사한 종류의 제품을 사용하는 미용업 종사자의 경우 자연유산과 저체중아 출산 위험이 더 높았고, 미용실에서 흔히 사용하는 제품에 들어 있는 성분에 노출된 여성 노동자에게서 예상보다 태아기형 비율이 높았다는 연구결과가 있다. 네일 아티스트도 안심해서는 안 되는 이유이다.

뉴욕주의 교훈과 환기시설

《뉴욕타임즈》의 특집기사는 네일숍에서 사용하는 제품의 유해성, 네일 아티스트의 화학물질 노출로 인한 심각한 건강영향에 대한 경각심을 가지는 계기가 됐다. 뉴욕주는 네일숍에서 사용되는 화학물질과 작업 과정에서 발생하는 먼지 등 작업환경을 개선하기 위한 새로운 규제를 도입했고 즉시 실행에 옮겼다. 실내공기를 개선하기 위한 환기시설 설치의 의무화 그리고 장갑이나 마스크 등의 개인보호장비 지급 및 착용 등이 포함됐다.

그렇다면 우리나라 네일숍과 네일 아티스트는 어떠한 법으로 보호받고 있을까? 네일숍은 1인 사업장이 대부분이고 많아야 원장을 포함해 2~3인 정도이다. 산업안전보건법에 따른 작업환경측정 또는 특수건강검진을 받는다는 네일숍을 한 곳도 보지 못했다. 화학물질을 제거할 수 있는 제대로 된 환기시설이 설치된 곳도 없었다.

최근에 손톱을 갈거나 젤 네일과 같은 분진이 발생하는 일부 시술에서 분진을 빨아들일 수 있는 이동형 흡진기를 네일숍 스스로 설치하여 사용하기 시작했다. 그러나 휘발성 유기화합물과 같은 가스상 오염물질을 빨아들이는 것에는 비효율적이며, 분진과 같은 입자상 물질의 제거 성능도 많이 떨어지는 편이다. 네일숍에서는 공통적으로 공기청정기를 많이 사용하고 있었다. 공기를 정화시키기 위한 나름의 노력이지만, 확인 결과 크게 도움이 되지는 않았다. 사업주 입장에서는 정확한 정보를 얻는 것이 어렵다는 의견이 가장 많았다. 네일숍을 창업하는 초기에 갖춰야 할 설비 기준에 환기시설 설치가 포함되어 있다면 부족한 정보 때문에 어려움을 겪는 사업자와 네일 아티스트의 화학물질 노출을 애초에 줄일 수 있을 것이다.

네일숍은 보건복지부 관할이다. 고객의 위생과 관련된 감독 위주의 관리가 전부이다. 소량이지만 화학물질을 지속적으로 반복적으로 사용하는 네일숍 노동자를 보호하기 위한 법은 아직 부족한 현실이었다.

더 안전하고 건강한 네일숍을 위하여

네일숍에서의 화학물질 노출은 네일 아티스트만의 문제는 아니다. 네일 제품이 직접 사용되는 곳은 고객의 손톱이나 발톱이다. 하루 종일 노출되느냐, 1~2시간만 노출되느냐의 차이다. 물론 노출을 평가하는 데 있어서 노출시간은 중요한 요인이다. 하루 종일 냄새를 맡으며 작업을 하는 네일 아티스트에 비하면 잠깐 들르는 고객의 위험도는 훨씬 낮아질 것이다. 뉴욕주가 네일숍에 대한 규제를 시행한 배경 중 하나는 네일 아티스트와 함께 고객의 건강을 보호하기 위함이었다는 것은 우리도 생각해야 할 지점이다.

많은 연구자들이 네일숍에서 발생하는 휘발성 유기화합물의 농도가 어느 정도인지 평가했다. 일하는 동안 노출되는 휘발성 유기화합물의 농도는 고용노동부의 직업적 노출기준*보다는 낮았다. 그러나 네일숍에서 사용되는 화학물질의 종류가 매우 다양하고 지속적이고 반복적으로 노출된다는 특성이 있다. 개별 화학물질에 대한 노출 수준이 법적인 기준보다 낮다고는 하지만, 여러 종류의 화학물질에 동시에 노출되고 다양한 경로를 통해서 노출될 수 있다. 또한 환기시설도 절대적으로 부족하다. 실제로 네일 아티스트가 여러 건강 영향을 경험하고 있다는 것을 확인한 바 있다. 따라서 화학물질 노출로부터 안전하고 건강한 네일숍을 만드는 것은 네일 아티스트와 고객을 모두 보호하기 위해 중요하다.

캘리포니아주를 비롯한 미국의 일부 주에서는 건강한 네일숍 인증 프로그램을 자체적으로 운영하고 있다. 여기에서는

---

* '노출기준'이란 작업자가 해당 노출기준 이하 수준에서 유해인자에 노출될 때는 거의 모든 작업자에게 건강상 나쁜 영향을 미치지 아니하는 기준을 의미한다.

국내의 네일숍에서도 적용이 가능한 몇 가지 기준들을 설명하고자 한다.

첫째, 안전한 네일 제품을 사용하는 것이다. 네일숍에서 발생하는 화학물질의 오염원은 네일 제품이다. 제품의 성능이나 특성상 반드시 들어가야 하는 성분이 있지만 그렇지 않을 경우에는 유해한 성분이 없는 제품을 사용하여 노출원을 처음부터 제거하는 것이 필요하다. 먼저 유해화학물질인 톨루엔, 폼알데하이드, 디부틸프탈레이트 그리고 메틸메타크릴레이트가 들어있지 않은 제품을 사용하도록 한다. 미국 캘리포니아주의 건강한 네일숍 인증 프로그램HNRP에 따르면, 위의 세 가지 유해물질과 함께 메틸에틸케톤이 들어 있지 않은 네일 제품을 안전한 제품으로 간주하고 있다. 메틸에틸케톤은 휘발성 유기화합물의 일종으로 매니큐어 성분으로 사용되고 있다.

다행인 것은 안전한 제품을 사용하는 것이 아주 어렵지는 않다는 것이다. 이미 국내외의 일부 기업에서는 네일 제품에 'Toxic Trio'를 사용하지 않겠다고 선언한 경우도 있고, 제한적이기는 하나, 네일 제품에 표시되어 있는 전성분 표시 부분을 확인하여 함유되어 있는 성분을 확인할 수 있다.

둘째, 작업대에 오염물질을 바로 제거할 수 있는 환기시설(국소배기장치)를 설치해야 한다. 휘발성 유기 화합물로 오염된 실내 공기의 오염도를 낮추기 위해 환기는 필수이다. 환기시설을 작동하거나 창문을 열거나 하는 방법으로 실내를 환기시키고 신선한 공기를 공급해야 한다. 그러나 좁은 공간의 특성상 창문이 없는 경우도 많고 전체 배기장치가 없는 경우는 더 많다. 미국의 뉴욕주나 보스턴에서는 네일숍의 작업대 혹은 네일숍 상황에 맞는 적절한 환기시설의 설치를 의무화하고 있다.

셋째, 네일 아티스트는 개인 보호구를 착용해야 한다. 냄새로 화학물질이 공기 중에 있다는 것을 알 수 있듯이, 흡입은 네일 아티스트의 주요한 노출 경로이다. 국소배기장치가 설치돼 있거나 환기시설이 충분하다면 마스크를 반드시 착용할 필요는 없다. 그러나 국내 네일숍에서는 마스크 착용이 필수적이다. 많은 네일 아티스트들이 종이나 천으로 된 의료용 마스크를 착용하고 있었다. 해외에서는 분진 혹은 화학물질 노출을 최소화하기 위한 활성탄 필터가 부착된 N95 등급의 마스크 착용을 권장하고 있다.

접촉을 통한 피부 노출은 네일 아티스트의 또 다른 주요 노출 경로이다. 작업의 특성상 섬세함이 필요하기 때문에 장갑 착용을 꺼리기도 하지만, 화학물질 노출뿐만 아니라 고객에 의한 감염으로부터 보호하기 위해서 보호장갑을 착용하는 것이 필요하다. 특히 리무버를 사용하거나 쏙오프 시술 등의 작업을 할 때는 반드시 보호용 장갑을 착용해야 한다. 보호장갑은 라텍스 재질보다는 화학물질의 침투가 어려운 나이트릴 재질의 장갑을 착용하는 것이 적절하다. 이 외에도 눈을 보호하기 위한 보호안경, 옷에 묻거나 튀는 것을 방지하기 위한 앞치마 착용도 때에 따라서는 필요하다.

마지막으로, 안전한 작업방식을 일상화해야 한다. 용량이 큰 네일 제품은 뚜껑이 있는 작은 용기에 소분해서 사용하는 경우가 많았다. 작업하는 동안 상시적으로 사용하는 리무버가 대표적인 예이다. 하지만 일부 네일숍에서는 바쁜 작업으로 인해 사용 후에도 뚜껑을 제대로 닫지 않거나, 하루 종일 열어둔 상태에서 사용하는 경우가 종종 있었다. 휘발성이 큰 아세톤이 하루 종일 네일숍의 실내공기를 오염시키는 상황인 것이다. 사용한 화장솜, 작업하면서 나온 여러 쓰레기에는 네일 제품에 들어 있는 화학물질이 고스란히 묻어있다. 반드시 뚜껑이 있는 밀폐형 철제 쓰레기통을 사용하여 화학물질이 네일숍의 실내 공기로 퍼지지 않도록 하는 것이 좋다. 밀폐 쓰레기통 사용은 화학물질 노출을 줄이는 중요한 방법 중 하나일 수 있다. 이 외에도 네일 제품을 안전하게 이동하거나 보관하는 방법, 해당 제품의 유해성을 확인하고 사용하는 방법 등이 있다.

아름다운 변화는 고객과 함께

네일 아티스트는 고객의 아름다운 손톱을 위해 최선을 다한다. 종종 식사 시간을 거르기도 하고 화장실을 제대로 다녀오지 못하면서 말이다. 인터뷰에 참여했던 네일 아티스트 중 상당수는 위염과 방광염을 호소했다. 식사 시간이 불규칙하고 화장실 다녀올 시기를 놓치기 때문이라고 했다. 점심시간은 정해져 있는 거 아니냐고 묻는 내 질문에 예약제 때문이라는 답변이 많았다. 다른 이의 식사시간을 방해하지 않고도 충분히 예약은 가능하지 않을까?

네일 아트라는 작업은 면대면 방식이며 고객의 요구에 최대한 맞춰야 하고 그래서 고객의 눈치를 살피게 되는 서비스업이다. 고객의 입장으로 네일 아티스트를 마주하는 우리는 어떤 모습인지 잠깐 생각해보자. 다음과 같은 상황들에서 당신은 어떻게 반응할 것인가. '네일 아티스트가 파란 장갑부터 착용하는데 뭐지? 내 손이 더럽다는 것인가?', '새 제품은 화학물질이 덜 들어간 안전한 제품이라고 자랑하더니만 왠지 색감이 안 좋은데?', '냄새를 빨아들이는 배기장치를 설치했다더니 너무 시끄럽잖아?' 이렇게 화를 내고 불만을 터트리는 고객인지, 네일 아티스트의 조치에 박수를 보내는 고객인지 한번 생각해보자. 우리에게는 후자의 모습이 필요하다. 아름다움과 화려함을 만드는 네일숍이 웰루킹족과 함께 더 안전하고 더 건강한 일터가 될 수 있기를 바란다.

플랫폼 노동자는 배달 노동자와 다른 신인류?

한인임

신인류의 탄생?

2000년대 들어오면서 산업 사회는 더 급격히 변화하기 시작했다. AI, IoT 등 4차 산업혁명에 대한 논의가 시작됐다. 플랫폼 노동자는 이러한 정보통신기술의 변화에 따라 한층 조직화되고 확산되기 시작했다. 디지털 플랫폼 운영자가 자유로운 개인들(!)을 연결해 고객의 요청에 서비스를 제공하는 시스템이다. 이들 자유로운 개인들은 특수형태근로종사자와 유사하다고 해서 '디지털 특고'로도 불린다. 대표적인 노동 형태는 배달 및 운전이다. 뿐만 아니라 각종 심부름과 가사노동, 펫시터 등도 존재하고 있다.

한국비정규노동센터의 2014년 조사에 따르면 특수형태근로종사자의 수는 100여 개 직종에 약 230만 명 이상이 될 것으로 추정한다. 이 규모는 계속 더 증가할 것으로 보인다. 코로나 19 팬데믹이 이를 더욱 가속화할 것이기 때문이다. 뿐만 아니라 기업이 노무관리나 안전보건의 책임을 지지 않으려 하기 때문에 자회사 설립, 도급계약으로 노동자와 조직을 잘게

표. 전체 취업자 중 고용주·자영업자 구성비 국제 비교(2017년, 단위 : %)

	한국	덴마크	프랑스	독일	이탈리아	일본	스페인	영국
고용주	3.6	1.5	2.3	2.4	3.7	0.8	3.4	1.4
자영업자	10.8	3.3	5.8	4.6	11.7	3.9	8.3	9.2

출처 : 한국노동연구원, 「KLI해외노동통계」, 2018.

나누는 경영 행위를 지속할 것이기 때문이다. 특히 좋은 일자리를 만들지 않고 있는 현재의 한국사회에서 쉽게 유입될 수 있는 일자리이기 때문이기도 하다.

그러나 이러한 신인류의 탄생은 노동시장에 긍정적 신호를 보내지 못한다. 이 노동집단은 자영업자로 구분되고 있기 때문에 노동자로서 당연히 보호받아야 할 권리를 가지지 못하고 불안정한 사업량, 낮은 처우, 장시간 노동, 사고위험 등에 노출되고 있다. 우리나라의 고용주와 자영업자의 비율은 다른 어느 국가보다 높은 수준으로 나타나는데 이는 우리나라 노동시장에 부정적 영향을 미칠 수밖에 없다.

그냥 배달 노동자라고 하자

플랫폼 노동자라고 하면 이름에 영어가 들어가서 마치 혁신의 아이콘 같지만 실제로는 배달업에 휴대폰이 들어온 것이다. '타다'가 기존 택시 사이즈를 키운 수준에 불과하면서 혁신이라고 우기는 것과 같다. 그런데 여기서 조금 복잡한 설명이 필요하다. 우선 어플을 만들고 플랫폼을 제공하는 업체들이 있다. 배달의민족, 요기요, 배달통, 생각대로, 바로고, 부릉과 같은 회사들이다. 그런데 이들은 직접 배달기사를 고용하지 않는다. 이들은 어플과 플랫폼만 제공한다. 이들은 다시 다단계의 배달대행업체와 서비스 계약을 하고 배달대행업체들이 배달기사를 고용하거나 계약하고 관리한다. 배달대행업체들은 주로 지역을 거점으로 운영되는 경우가 많다. 그 이유는 배달기사들이 지역에 살고 지역에서 배달이 이루어지기 때문이다. 최근 등장한 후발 플랫폼 회사들은 배달기사들에게 바로 연락하는 경우도 있다. 이래저래 복잡하다.

그런데 이 배달기사들은 모두 자영업자이다. 배달대행업체와 건당 일정액의 수수료 계약을 체결하기 때문이다. 그런데 고객은 배민이나 요기요로 전화해서 주문하지 이름도 낯선 배달대행업체에게 전화하지 않는다. 결국 눈에 보이는 것은 플랫폼기업뿐이지만 최하위엔 배달기사가 자리 잡고 있다.

2019년 11월, 요기요 라이더들이 정해진 장소에 출퇴근 의무가 부여되고 다른 지역 파견 같은 업무지시를 받은 점 등을 이유로 본인들이 근로자라고 주장한 사실이 받아들여져 서울고용노동청에서 이들을 자영업자가 아닌 근로자로 인정했다.

주문 들어오면 받으러 가서 고객에게 배달하면 끝나는 일을 과거에는 특정 음식 점포에 소속되어 일하다가 이제는 더 많이 일할 수 있는 구조로 바뀐 것뿐이다. 그렇다고 해서 이들의 노동조건 좋아졌는지를 보면 전혀 그렇지 않다. 그럴 수밖에 없는 것이 소비자가 지불하는 운임(이것도 과거보다 증액되지 않았다)을 플랫폼 기업, 배달대행사, 배달기사가 나누는 구조가 되었기 때문에 더 가져갈 수 있는 가능성이 없다. 이는 곧 속도전, 콜 수, 노동시간에서 더 힘든 조건을 가져오게 됐다.

'30분 배달제'라는 악령의 부활

2011년 2월, 피자 배달을 하던 노동자가 사망하면서 그 원인으로 '30분 배달제'가 지목됐다. 피자를 주문 받고 도우를 펴고 토핑을 얹고 굽고 포장하는 데 기본적으로 소요되는 시간이 20분이다. 그렇다면 10분 안에 고객의 집까지 도착해야 한다. 엘레베이터를 기다릴 틈이 없다면 뛰어 올라가야 한다. 결국 여러 가지 변수를 고려하면 가장 쉽게 선택할 수 있는 것이 신호위반, 과속이다. 우리가 맛있게 먹는 주문 음식이 이런 과정을 거쳐 온다는 사실을 우리가 외면하는 것이다.

이에 시민사회·노동단체에서는 당시 주요 피자업체에게 항의서한을 전달하고 공식적으로 '30분 배달제' 폐지 입장을 내라고 요구했다. 또한 주요 건물과 거리에서 국내 최초로 '트위터 시위'를 벌이는 등의 활동을 했다. 그리고 시민을 대상으로 '30분 이상 걸려도 참아 달라'는 거리캠페인을 진행했다.

그 결과 소기의 성과를 거두었다. 업체들은 홈페이지에 30분 배달제를 하지 않겠다고 글을 올린 것이다. 그런데 이 상황은 몇 년을 가지 못했다. 2014년 한 뉴스에서는 심지어 '20분 배달제'가 거론됐고 이 때문에 또 배달 노동자가 사망한 일이 알려졌다. 한 언론은 롯데리아 등에서 여전히 30분 배달제가 기승을 부리고 있다고 전했다.

    그런데 문제는 30분 배달제 도입이 고객이 원해서 이루어진 것이 아니라는 점이다. 전 세계 어디에서도 찾아보기 힘든 이 제도는 바로 기업이 자발적으로 도입한 것이다. 업체 간 경쟁이 치열해지면서 서비스 개선 차원에서 도입된 것이다. 즉, 기업은 노동자 생명을 담보로 서비스 개선을 한 것이다. 그런데 고객은 빠른 서비스를 한 번 두 번 경험하면서 당연한 서비스로 인식하게 된다. 그래서 '20분 배달제'가 거론되었던 것이다. 그럼 앞으로는 어떻게 할 것인가? 10분?

'새벽배송', '로켓배송'의 출현

요새는 '새벽배송', '로켓배송' 같은 말도 익숙해졌다. 이러한 플랫폼 노동시장이 한 해에 두 배씩 성장하고 있다고 한다. 장을 보지 않고 온라인으로 주문을 해 아침 일찍 신선식품을 받아 곧바로 요리해 먹거나 갓 만들어진 반조리 또는 완전조리 식품을 받아 수월하게 아침식사를 할 수 있기 때문에 인기가 많다. 그런데 소비자의 이런 욕구를 만족시키기 위해 밤에 잠을 못 자는 노동자가 자꾸 늘어나게 된다. 주문 받는 노동자, 창고에서 상품을 찾아 포장하는 노동자, 조리하는 노동자, 배송하는 노동자.

그런데 이 마케팅 또한 소비자가 요구해서 만들어진 것이 아니라 유통업체간, 배달업체간 서비스 경쟁 과정에서 만들어진 것이다. 밤에 잠을 자지 못하면 다양한 질병이 발생할 수 있다. 수면장애, 기왕증(당뇨, 고혈압, 소화기계 질병 등)의 악화, 그리고 여성의 경우 유방암까지. 그래서 세계보건기구 국제암연구소에서는 야간노동을 2급 발암물질로 규정한 바 있다.

질병만이 문제일까? 야간노동은 노동자의 삶을 지운다. 사람은 밤에 자고 낮에 일하는 게 당연한 일이다. 그런데 야간노동자는 밤에 일하기 위해 낮에 잔다. 퇴근하면 훤한 아침인데 친구는 언제 만나고 가족은 언제 보나. 육아를 해야 하는 상황이라면 더 갑갑한 노릇이다. 노동자 개개인의 삶의 질을 떨어뜨리고 건강을 훼손하는 일자리를 만들어내는 기업은 경영철학을 바꾸어야 한다. 좋은 일자리, 양질의 일자리를 만들어야 하는 것 아닌가. 그리고 소비자의 경우도 내가 소비하는 오늘의 상품과 서비스가 정의로운 소비인지를 성찰할 수 있는 시간을 가졌으면 하는 바람이다.

가파르게 성장할 플랫폼 노동시장에 바란다

이대로 간다면 플랫폼 노동시장은 지속적으로 성장할 것이다.

노동시간이 줄어들지 않아 요리하는 행위를 외면할 가능성이 높고 혼밥족이 늘면서 주문배달은 더 많아질 것으로 보인다. 소호사업 또한 늘어나면서 퀵서비스와 같은 시장도 더욱 커질 수 있다. 택배와 같은 배달 또한 크게 증가하고 있다. 최근 코로나 19로 밤 11시까지 일하고 있는 이 노동자들은 현재 과로로 쓰러지고 있는 상황이다. 온라인의 가격이 오프라인 가격보다 훨씬 저렴한 것도 이들 배달 노동자가 많아질 수밖에 없는 요인으로 작용한다.

음식 배달기사 약 15만 명, 퀵서비스 기사 약 20만 명, 택배기사 약 5만 명. 이들은 원하든 원하지 않든 더 늘어나게 될 것이며 앞으로 서비스 노동시장의 주요한 위치를 점하게 될 것이다. 그러나 이들은 속도전에 위협받고 고객의 불만에 무방비 상태로 노출되며 장시간 노동과 저임금 상태로 일하고 있다. 그리고 모두 비정규직이라는 공통점을 갖는다. 소비자에게 꼭 필요한 노동인데 왜 이런 노동조건, 위험조건에서 일해야만 하는가. 그렇다면 이들을 통해 진짜 돈 버는 쪽, 즉 회사 이름 걸고 장사하는 기업이 이 노동자들에 대한 안전보건상의 책임을 더 강하게 지거나 실질적 노무관리를 위해 직접 고용해야 하는 것 아닌가.

일주일에 두 번 이상 만나는 배달 노동자. 우리는 앞으로 더 자주 이들을 만나게 될 것 같다. 코로나 19로 학교에 등교하지 못하고 '집콕'으로 수업을 듣는 우리집 두 아이는 불문율을 만들었다. 음식을 주문하면서 "꼭 30분 내에 안 오셔도 됩니다"라고 이야기한다. 집 현관 문에는 택배 노동자의 과로를 걱정하는 자석 스티커를 붙여 놓았다. 자주 마주치는 이들의 위험을 이제라도 인지하고 격려한다면 덜 미안하고 좀 더 당당한 소비자가 될 수 있을 것이다. 한 걸음 더 나아가 이들 플랫폼 노동자들을 사실상 '고용'하고 있는 택배회사나 배달업체들은 초대형 기업인 경우가 많다는 사실을 소비자들이 기억해야 한다. 특수형태근로종사자라고 하지 말고 이젠 직접 고용해 소비자에게도 부끄럽지 않은 기업으로 재탄생하자. 제발.

방문기사, 집으로 찾아오는 스파이더맨

한인임

이들을 한 번도 마주치지 않았다면 산속에서 자연인으로 살고 있는 사람이거나 아주 금욕적인 생활을 하고 있는 은둔형 칩거자일 것이다. 인터넷과 케이블 방송, 그리고 냉장고, 에어컨, 세탁기는 오늘날 반드시 집에 있어야 할 품목이다. 애초 이것들을 들일 때, 바꿀 때, 반드시 오는 사람이 있다. 이것이 고장 나면 또 와야 한다. 바로 설치기사, AS기사이다. 그러나 막상 우리는 이들이 어떻게 작업하는지 정확히 아는 경우가 별로 없다. 자세히 봐야 보인다.

이들은 대개 집밖에 나가 뭔가를 한다. 인터넷과 케이블 방송, 에어컨의 경우 실외에 설치단자가 있거나 외부에 실외기를 달아야 하기 때문에 바깥 작업이 필수다. 또는 기간망에 손상이 있을 때는 전봇대에 올라가야 하는데 기사를 졸졸 따라 다니지 않는 이상 이런 작업을 볼 수가 없다. 그래서 이들의 위험을 우리는 잘 모른다.

떨어지고 끼이고 찔리고

2016년 정의당 이정미 의원실의 국감 보도자료에 따르면 2014년부터 2016년 9월까지 3년간 총 15명의 통신·에어컨 설치 노동자가 업무상 사고로 사망했다. 그리고 이들 사망원인의 90%는 추락사라고 한다. 그사이에도 사망 소식은 계속 들려오고 2019년에도 마지막 3개월 동안 3명이 추락 사망했다. 왜 추락하게 되는 것일까.

> "1년에 서너 번씩 벼락이 떨어지는 지역이 있다. 그러면 가입자 장비가 다 날아간다. AS 폭주가 장난 아니다. 30년 넘은 아파트… 5층까지 올라가서 천장까지 사다리를 타고 큰 쇠문을 열고 올라가야 한다. 바람이 부는 날은 철문이 닫혀 머리를 부딪치는 경우, 사다리가 빠지는 경우가 있다. 옥상에서 작업하다 바로 옆 옥상에 벼락이 떨어지는 것을 목격한 적도 있다. 옥상에 피뢰침이 설치되어 있는데 그런 곳에서 작업을 해야 한다. 번개가 쳐서 벼락 맞을 뻔한 경우도 있다."*

전봇대에서 떨어지는 경우는 두 가지이다. 감전되는 경우 혹은 어설픈 사다리 작업 때문이다. 22,900V의 전압이 흐르

---

* 노동환경건강연구소·산업노동정책연구소, 「케이블 노동자 안전보건 실태 및 업무환경조사 보고서」, 2014.

는 전봇대 작업은 위험하다. 그렇기 때문에 제대로 된 절연장갑을 사용해야 한다. 그런데 이런 걸 끼지 못한다. 회사가 제공하지 않기 때문이다. 본인비용으로 사서 끼더라도 비오는 날, 손에 땀이 차는 여름이라면 감전 위험이 커진다. 감전이 되면 쇼크가 발생하기 때문에 의식을 잃어 사다리에서 추락할 수 있다. 따라서 감전 시 추락을 방지하려면 고소작업 전용 설비나 차량을 이용해야 하지만 이 또한 회사가 제공해주지 않는다. 다음으로 사다리 작업이다. 2미터 이상 높이에서 사다리 작업을 할 때는 반드시 2인 1조로 작업이 이루어져야 한다. 혹시라도 작업자가 사다리에서 떨어질 것을 감안해 감시자가 있어야 한다는 이야기다. 그러나 이것도 이루어지지 않는다. 이 때문에 감전돼 떨어진 노동자가 늦게 발견되는 바람에 살 수 있었던 노동자가 안타깝게 사망한 사례도 보고된다.

지붕이나 옥상에서 떨어지는 경우는 안전조치가 전혀 이루어지지 않았기 때문이다. 지붕이나 옥상 작업을 할 때는 역시 고소작업용 설비나 차량이 제공돼야 하고 안전벨트를 착용할 수 있어야 한다. 그러나 모두 없다.

일반 주택이나 소규모 공동주택의 경우 인터넷 단자가 지하 공간에 설치된 경우가 있는데 이때는 낮은 포복 자세로 기어들어가야 한다. 그러다 끼여 곤혹을 치르곤 한다. 담벼락 설치 작업 후 적절한 계단이 없어 뛰어내리다가 넘어지거나 바닥에 놓인 물건들에 찔리는 사고도 많다.

"전주가 없는 곳은 맨홀 속에 망이 깔려 있어요. 이때 전기가 흐르는 경우가 있죠. 맨홀에는 항상 물이 차 있거든요. 오폐수도 있는데 이걸 퍼내고 작업을 해야 해요. 도로 위에 있는 맨홀 작업 때는 차가 다녀야 한다고 빨리하라고 운전자들이 욕하고 그러니까 그냥 야간에 하죠. 야간에는 혼자 작업하는데 밖에서 봐주는 사람도 없어요. 위험하죠. 또 맨홀 깊이가 다 달라요. 사람이 들어가는 경우도 있고 목만 넣고 일해야 하는 크기도 있어요. 한여름 우기 때 침수가 잘 되는데 전기장비를 가지고 가면 침수돼서 꺼지는 경우에는 일을 못해요. 여름철 맨홀에 가스측정 안 하고 들어갑니다. 마스크도 없이…"

에어컨 설치기사들의 경우도 마찬가지다. 다행히 전봇대 작업과 같은 일은 없지만 공동주택의 외벽에 실외기를 설치하기 위해서는 고소작업 전용설비 또는 차량을 이용해야 하지만 역시 사다리에만 의존하거나 그조차도 이용하지 않는 경우가 많다.

대기업 유니폼을 입었는데, 기업과는 전혀 관계가 없다고?
선뜻 이해가 되지 않을 것이다. 삼성, KT, SK, LG… 이런 굴지의 대기업들이 국내 인터넷 보급을 독점하고 있고 가전도 마찬가지인데 설마 노동자들을 이런 상태로 일하게 했다고? 법 위반이 수두룩한데 말이다. 유감스럽게도 이 노동자들은 협력업체 소속이다. 그것도 다단계다. 예를 들어 ㈜LG의 자회사인 LG유플러스가 LG헬로비전의 대주주다. LG헬로비전이 고객을 직접 응대하고 마케팅을 하며 설치 및 AS를 담당한다. 그런데 LG헬로비전은 전국에 걸쳐 34개 도급업체(협력업체)를 통해 이 업무를 진행한다.* 말이 협력이지 빨대 꽂은 상태이다. 협력업체는 원청(㈜LG, LG유플러스, LG헬로비전)이 요구하는 대로 용역을 수행해야 하고 돈은 주는 대로 받아야 한다.

이 노동자들은 바로 전국에 걸쳐 존재하는 34개 협력업체 소속으로 일하고 있는 것이다. 협력업체를 통해 LG헬로비전은 매년 4백억 원 내외의 순이익을 실현하고 있다. 각 협력업체는 수십 명의 노동자를 고용하는 중소 사업장이다. LG헬로비전, 매년 5천억 원 내외의 순이익을 내는 LG유플러스, 매년 2조 원에 달하는 순이익을 내는 ㈜LG를 위해 복무하고 있는 것이다. 그런데 이런 지경에서 일하고 있다.

원청들은 사업을 잘게 쪼개 외주화함으로써 안전관리로부터 자유로울 수 있다. 비용 부담으로부터도 자유로워진다. 현행법에서는 사업주에게 안전관리의 책임을 묻고 있다. 사업주

---

* 노동건강연대·희망연대노동조합, 「LG헬로비전 고객센터 작업환경, 노동안전 실태조사 결과발표회 자료집」, 2020.

란 바로 고용관계에 있는 사장님을 말한다. 노동자들은 34개 업체 어딘가에 고용되어 있기 때문에 각자가 본인의 사장님에게 안전을 책임지라고 호소할 수밖에 없다. 그래서 원청은 고소작업용 차량을 구입하거나 임대하지 않아도 되고 사다리를 지급하지 않거나 보호구를 제공할 이유가 없다. 2인 1조 작업의 필요성에도 관심이 없다. 협력업체에서 알아서 해야 하기 때문이다. 그런데 협력업체 사장은 능력이 없다. 매년 계약단가를 낮추라는 원청의 요구가 가혹할 뿐이다. 이걸 거부하면 매년 갱신하는 재계약에서 탈락이다. 이 노동자들의 진짜 사장님은 누굴까.

기사가 자영업자라니

이것은 원청의 발상인가, 협력업체 사장의 발상인가. 기사가 자영업자라고 우긴다. 설치 및 AS 건에 따라 수수료를 지급하기 때문이라고 하는데 사실상 이보다 더 심각한 문제가 있다. 안전 문제를 협력업체 사장도 아닌 자영업자 본인이 감당해야 하기 때문이다. 노동자 스스로 자신을 보호해야 한다. 이는 분명히 현행법 위반*이지만 아직도 현장에서는 버젓이 이루어

---

* 정보통신공사업법에는 '공사업을 하려면 1억 5천만 원 이상의 자본금과 사무실을 보유하고 일정한 기술능력을 갖춰야 한다(제63조, 제72조)'고 규정되어 있지만 현재 노동자 개개인이 이런 수준을 갖추고 있지 못하고 앞으로도 그럴 수 없다. 따라서 이들은 노동자임에 틀림없다.

지고 있다.

자영업자는 사장이다. 일하고 싶을 때 하고 안 하고 싶을 때 안 할 수 있다. 하루의 업무량을 스스로 정한다. 누구의 눈치를 볼 필요도 없다. 전봇대 작업은 싫으니까 안 할 수 있다. 악성 고객도 안 받을 수 있다. 그런데 이 기사들은 출퇴근 체크를 해야 하고 입으라는 유니폼을 입어야 하고 지시하는 곳에 가서 일하고 건수만큼 돈을 받는다. 회사가 결정한 목표대로 영업도 해야 한다. 전봇대도 담벼락도 옥상도 거부할 수 없다. 욕하는 고객에게 욕을 먹어야만 한다. 이들이 자영업자라니.

특히 건당 수수료 방식의 임금지급은 노동자들을 과로로 내몬다. 아예 기본급이 없는 경우가 많아 오로지 건수에 의존해야 한다. 하루 10건을 꽉 채워야 월 200만 원 남짓한 수입을 얻게 되는 상황은 불가피하게 장시간 노동 또는 무리한 작업을 할 수밖에 없는 요인으로 작용한다. 한 시간에 한 집씩 쳐낸다고 해도 하루 10시간 노동이다. 그런데 한 시간에 한 집씩 쳐내질 못한다. 그러니 노동시간은 더 길어지게 된다. 한 시간에 한 집씩 쳐내려면 속도를 내야 하기 때문에 무리해서 위험한 곳에 올라가고 안전장비를 쓰지 않게 되고 무리하게 뛰어내린다. 이는 사고로 이어진다.

고객님… 당신마저도

다음은 내가 만났던 노동자들의 고충을 간단히 정리한 내용이다.

"9시 반 고객에게 오늘 비 와서 못 가겠다고 했는데… 이러면 욕부터 시작하죠. 그러면 그냥 기사가 비 맞고 하는 거예요."

"강성 고객은 새벽에도 가요. 방통위에 민원 넣는다고 협박하면 기어서라도 가서 서비스를 하죠."

"가입자 잘못인데 마찰이 생기면 가입자가 민원을 넣어서 무릎 꿇고 사과하라고 하면 어쩔 수 없이 사과하는 경우도 있어요…"

"일하다 보면 식칼, 송곳 들고 쫓아오기도…"

"AS를 접수해 가보니 쥐를 잡아달라고 하더라구요. 참… 텔레비전 옮겨달라는 경우도 있어요."

고객의 무리한 요구에 노동자들은 위험을 감수해야 한다. 억울한 상황도 황당한 상황도 겪어야 한다. 고객이 좀 더 노동자들의 고충을 이해한다면 이런 일은 줄어들 수 있을 것이다. 그리고 고객의 잘못된 행태는 회사에서 막아줘야 한다. 악천후, 비오는 날은 서비스가 제한될 수 있다고 공지하거나 무리한 요구는 받아들일 수 없다거나 책임 소지를 분명히 하는 등의 노력이 필요하다. 현행법에서도 감정노동자를 보호하도록 되어 있기 때문이다.

그런데 '때리는 놈보다 말리는 놈이 더 밉다'고 했나. 오히려 회사는 2차 가해를 일삼는다. 2016년 《JTBC》 보도에 따르면 삼성전자의 제품설치 업체가 고객만족도 조사에서 '매우 만족'이 98% 이상 나오지 않은 기사들에게 30킬로미터 행군을 시켰고, 행군에 붙인 이름은 '힐링 워킹데이'였다고 한다.*

또한 '롤플레잉'이라는 징계를 경험하기도 한다. 10점 만점에 10점을 받지 못하면 역할극을 해야 한다. 역할극은 여러 관리자가 모인 자리에서 이루어진다. 노동자는 회사가 제공한 고객응대 매뉴얼에 나오는 대로 고객의 집에 방문했을 때부터 나올 때까지 표현해야 할 인사, 질문, 고지내용 등을 읊고 행동해야 한다. 관리자들이 OK할 때까지 수십 번을 반복해야 한다.

위험한 업무는 만들어진다

세상에 위험한 업무, 위험하지 않은 업무가 따로 있을까. 가장 안전해 보이는 사무 업무도 장시간 일하면 뇌심혈관계 질환이나 정신 질환을 겪을 수 있다. 반면 위험해 보이는 업무도 안

---

* "실적 나쁘면 '30km 행군'…대기업 하청업체 직원의 눈물", 《JTBC 뉴스》, 2016년 3월 7일자.

전하게 일하면 위험하지 않을 수 있다.

  2016년 5월 서울시지하철에서 스크린도어를 수리하던 김군은 플랫폼으로 진입하던 전동차에 접촉해 사망했다. 그런데 당시 김군이 일하던 지하철 1~4호선에서는 김군 전에도 2명의 사망자가 있었다. 한편 거의 동일한 작업이 이루어지는 5~8호선에서는 단 한 명의 사망자도 없었다. 무슨 차이일까? 1~4호선의 노동자들은 하청 노동자들이었고 5~8호선의 노동자들은 정규직이었다. 업무방식도 달랐다. 즉, 위험한 업무를 해서 사망한 것이 아니라 하청 노동자가 일하면서 위험이 만들어진 것이다. 2인 1조도 안 지켜졌고 관제에 작업한다는 연락도 제대로 이루어지지 않았기 때문이다. 하청 노동자의 비극은 예정된 것이었다.

  따라서 위험을 관리하지 않은 문제가 크다. 안전하게 일할 수 있는데 그렇게 하지 못하는 메커니즘을 없애야 한다. 그러려면 누가 이런 메커니즘을 만드는 지가 중요하다. 바로 '그'가 바꿔야 하기 때문이다. 간단하다. 마지막에 '최애득템' 하는 자, 바로 원청이다. 회사명이나 브랜드를 이야기하면 초등학생들도 다 아는 국내 최고의 기업들이다. 이 기업의 유니폼을 입었지만 이 기업의 노동자가 아닌 이들에게 안전하게 일할 수 있도록 해야 하는 자, 바로 원청인 것이다.

  마지막으로 고객님께 한 말씀. 비 오고 바람 부는 날은 좀 참자. 악천후에는 장비며 케이블이며 고장이 많은 것이 정상이다. 본방 사수 못 하는 그 안타까운 마음 나도 잘 안다. 그런데 고객님 때문에 노동자가 죽을 수도 있다는 생각하면서 참고 재방송 보자. 집으로 찾아오는 스파이터맨의 안전을 위해!

무제한 노동에 시달리는 경비원, 노인의 일자리
한인임

나는 늦게 귀가할 때가 많은 편인데, 아파트로 이사를 오면서 한결 귓갓길이 안전해졌다. 과거 일반주택에 살 때는 늦은 귀가 때 골목길을 걸으며 가끔 뒷덜미가 송연해지는 경험을 했다. 자주 뒤를 돌아봤다. 그런데 아파트에서 만나는 경비 아저씨는 밤에도 야경을 돈다. 아파트 입구 경비실에서는 눈인사나 목례를 주고받는다. 그 정도만, 딱 그 정도만 되어도 마음이 한결 놓인다.

또 좋은 점이 있다. 함박눈이 와도 내 집 앞을 쓸지 않는다. 눈이 와서 차를 뺄 수 있을까 걱정이 돼 주차장에 나가보면 어느새 눈이 다 치워져 있다. 경비 아저씨가 이미 새벽부터 눈을 치워준 거다. 집이 1층이라 장마철에 폭우가 쏟아지면 집 밑으로 빗물이 강물처럼 흐르는데 이때에도 화단에 흙을 쏟아부어 빗물의 유입을 막아 준다. 정작 경비 아저씨의 우비는 흠뻑 젖는다.

경비 아저씨가 미울 때가 딱 한 번 있다. 쓰레기 분리수거

할 때다. 종이 박스에서 테이프를 떼지 않았다고, 페트병에서 라벨을 제거하지 않았다고, 배달음식용 일회용기(소재가 무엇인지 애매한)는 종이가 아니기 때문에 일반쓰레기로 버리라고 항상 잔소리를 하신다. 그러면서 애써 내가 분리해놓은 재활용 쓰레기를 다시 분리한다. 독자들께서는 나처럼 미움 받지 마시고 분리배출 잘하시길!

    나는 이런 배려와 미움을 받으면서 이 노동자들에게 매달 1만8천 원을 '경비용역비'로 지급한다. 관리비 영수증을 보면 이러한 내역이 나온다. 개인적으로 이러한 일자리가 많아지면 좋겠다. 주민에게 엄청난 혜택을 주는 노동이다. 택배도 받아주고(심지어 보관하고 있다는 사실도 알려준다) 아파트 전체를 청소도 해주고, 심지어 발렛파킹도 해준다. 나는 완전 거저먹는 거다.

죽거나 죽이거나 죽임을 당하거나

그런데 사달이 났다. 2014년 10월 서울 강남의 한 아파트에서 50대 경비 노동자가 입주민의 지속적인 언어폭력을 견디다 못해 분신 자살을 시도했고 한 달 만에 숨진 사건이 있었다. 70대 주민은 아파트 창문을 열고 경비 노동자에게 상습적으로 음식을 던지며 먹으라고 종용한 사실도 폭로됐다. 분신한 노동자가 사망한 지 한 달이 채 되지 않아 이 아파트의 또 다른 주민은 경비 노동자를 아무 이유 없이 폭행해 코뼈를 부러뜨리기도 했다. 그런데 이 노동자는 가해자를 형사처벌하는 데 반대했다. 일자리를 잃을까 걱정이 된 것이다. 최근 서울 강북구에서 자살한 경비 노동자는 아파트 주민에게 상습적으로 폭행을 당했던 것으로 나타난다.

2015년 10월에는 다른 양상의 문제가 나타났다. 아파트 주민들이 경비실에 맡겨둔 택배를 찾는 시간을 놓고 입주자 대표와 언쟁을 벌이던 60대 경비 노동자가 입주자 대표를 살해한 것이다. 주민들이 시간을 가리지 않고 새벽시간에도 택배를 찾아가는 것이 문제라는 지적(이 새벽시간은 공식적으로 쉬는 시간)에 입주자 대표가 "그럴 거면 사표를 쓰라"고 하자 격분해서 이와 같은 일을 저지른 것이다.

2018년 5월, 강남의 한 오피스텔에서 28세 청년이 60대 경비원 2명을 살해했다. 2020년 2월에는 70대 아파트 경비원을 폭행해 숨지게 한 혐의로 기소된 40대 주민에게 징역 18년의 중형이 확정됐다.

도대체 왜 이러는 것인가. 노년의 노동자들이 도대체 어떤 상태에 빠져 있기에 죽거나 죽이거나 죽임을 당하는 것일까. 억울해 자살하고 분해서 살해하고 아무 이유도 없이 살해당하고. 하는 일이 오직 감시 업무에 한정되어 있다고 '감시·단속 노동자'로 불리며 최근까지 최저임금 대상도 되지 못했던 이 노동자들이 서부 활극 같은 상황에 처해 있는 이유가 과연 무엇일까.

노인과 노동을 모두 무시하는 한국 사회

경비 노동자를 만나보면 자신의 일자리를 매우 고마워하고 자긍심도 가지고 있는 것으로 나타난다. 이 업무를 하게 된 배경도 다양하다. 사업에 실패해 일자리를 옮긴 사례도 있고 정년퇴직 후 집에만 갇혀 있는 게 너무 답답해 일자리를 찾아 나선 사례도 있다. 어떤 이유로든 이 일자리는 노동자들에게는 매우 의미 있는 일자리인 것이다. 그래서인지 취업 경쟁률도 엄청 높은 편이다.

그런데 이 일자리를 무시하는 집단이 있다. 내 집이 1층이고 바로 앞에 주차장이 있는 바람에 사람들 싸우는 소리를 간혹 듣게 된다. 몇 차례 들었던 내용 중에 가장 화가 났던 것은 경비 노동자와 입주민 사이의 다툼이었다. 그럴 때마다 꼭 들리는 말은 "그러니까 경비나 하는 거야", "경비 주제에…" 같은 말이다. 누구라도 이런 말을 들으면 매우 화가 날 수밖에 없다. 더 나쁜 말도 있다. "늙었으면 집에나 있지 왜 나와서 설쳐…".

이런 이야기들은 한국사회의 어떤 집단이 노동과 노인을 동시에 경멸하고 무시하고 있다는 것을 의미한다. 즉, 혐오다. 입주민에게 온갖 서비스를 바치고 최저임금 수준도 안 되는 임금을 받는데 왜 무시하는 것인가. 경비노동이 하찮은가. 그럼 경비 노동자가 없는 곳으로 이사를 가든지. 늙는 것은 당신들도 막을 수 없다. 늙으면 집에만 있어야 한다는 기준은 도대체 어디에서 나온 것인가.

무제한 노동, 고용은 항상 불안정

사실 우리는 경비 노동자들에게 무릎을 꿇고 사죄해야 한다. 1년 365일 하루도 빠지지 않고 자신의 일터에 나와 있는 노동자들이 있다면 믿을 수 있을까? 바로 경비 노동자이다. 왜냐하면 이들의 근무방식은 24시간 맞교대이기 때문이다. 오늘 오전 9시에 출근해 24시간 근무하다가 내일 퇴근시간인 오전 9시에 일터에서 옷을 갈아입는다. 모레는 또 오전 9시에 출근해 있고. 매일의 오전 9시에 경비 노동자는 자신의 작업장에 있는 것이다. 출근을 해서 있든 퇴근을 하려고 있든. 토요일도 일요일도 국경일도 심지어 명절에도 출근한다. 그래도 연차가 있는데 며칠은 쉬겠지 생각할 것이다. 대근해줄 사람이 없어 이 또한 챙기지 못한다는 게 노동자들의 주장이다.

간단히 계산해 보면 이렇게 일했을 때 1주 평균 84시간을 일하게 되고 한 달 평균 360시간을 일하게 된다. 50~70대 중·노년의 노동자들은 연령으로 인해 이미 기저질환이 있을 가능성이 높다. 대표적으로 고혈압 같은 질병이다. 나이가 들수록 자연 발병률이 올라간다. 20~30대 생생한 젊은이들도 업무 때문에 뇌심혈관계 질환에 걸린다. 그 기준이 주당 60시간이다. 여기에 야간노동을 하면 30%가 가산되니 주당 52시간 일하면서 야간노동을 하는 노동자가 뇌심혈관계 질환에 걸리면 이는 무조건 산업재해에 해당한다. 업무상 질병인 것이다. 그런데 84시간을 일하면 어떤 일이 생길까. 무수히 많은 경비 노동자들이 오늘도 쓰러지고 있다.

어라, 이상하다. 우리나라는 주당 52시간의 노동시간을 넘을 수 없는 나라이다. 그러나 문제는 노동시간 규제를 받지 않는 노동자들이 너무 많다는 것이다. 5인 미만 사업장 노동자, 특례업종 노동자(노선버스를 뺀 육상운송업·수상운송업·항공운송업·기타운송서비스업·보건업), 농업노동자, 수산 및 축산·양잠사업 노동자, 감시·단속 노동자, 관리·감독 업무 또는 기밀을 취급하는 업무 노동자 등이다.

경비 노동자 또한 노동시간 규제 대상이 되지 않는다. 문제는 더 있다. 노동시간은 규제 대상이 아니더라도 어쨌든 노동한 월 360시간에 대한 임금은 줘야 한다. 그런데 이 노동자들이 받아가는 급여는 채 200만 원이 되지 않는다. 2020년 기준 최저임금 시급 8,590원으로 계산하면 주휴수당 등을 빼더라도 300만 원이 넘어야 한다. 무슨 일이 발생한 것인가? 출근해 있으면서 알아서 쉬라고 한 것이다. 야간 시간대에는 자라고 한다. 그래서 노동 시간을 월 230시간인 것으로 확 줄였다.

그런데 잘 곳이 없다. 현행법에 따르면 노동자가 근무지에서 자야 하는 경우에 사업주가 숙소를 제공하도록 되어 있다. 그런데 숙소가 없다. 심지어 휴게공간도 제공해야 하지만 그조차 없다. 모두 경비실에서 해결해야 한다. 식사까지도. 그래서 '휴식 중'이라는 팻말을 붙이고 경비실 불을 끄고 의자에 앉아 엎드린다. 이게 취침이다. 그런데 이 와중에 술 먹고 귀가하던 입주민이 창문을 친다. '어디 경비 안 서고 자고 있냐'고 소리친다. 입주민들 입장에서 이런 상황을 제대로 알기도 어려울 수는 있다. 앞서 살인이 발생했던 상황도 이런 경우에 해당한다. 물론 입주자 대표가 막말을 한 게 더 큰 화근이었지만 말이다. 쉬어야 할 시간에 수시로 택배를 찾으러 주민이 경비실을 방문한다면 엎어져 자는 것조차 제대로 할 수 없는 것이다. 쉬지도 못하고 임금은 뺏기고.

2005년에 노동환경건강연구소가 조사한 「서울시 성동구 아파트 경비 노동자 안전보건 실태조사」에 따르면, 경비 노동자의 업무 스트레스 중에서 입주민 스트레스보다 더 큰 스트레스 원인이 고용불안인 것으로 나타났다. 경비 노동자들은 2년 단위, 3년 단위로 아파트입주자 대표회의와 계약을 체결한다. 엄밀히 이야기하면 관리사무소(아파트관리업체-도급)가 아파트입주자 대표회의와 계약을 체결하고 경비 노동자들은 관리사무소에 고용된다. 만약 입주자 대표회의와 마찰이 있어 해당 관리사무소가 재계약에 실패하면 다른 업체가 들어오게 되고 이 경비 노동자들은 새로 진입한 업체에 다시 고용되지 않으면 일자리를 잃게 되는 것이다. 앞서 아무 이유 없이 입주민에게 얻어맞고 코뼈가 부러졌어도 형사처벌을 원하지 않는다고 합의할 수밖에 없었던 경비 노동자는 바로 이런 상태에 놓여 있었던 것이다.

이젠 택배도 안 받아주고 쓰레기 분리수거도 안 해준다?
경비 노동자가 '감시·단속 노동자'라면 감시·단속 업무만 해야 한다. 2015년 노동환경건강연구소에서 서울 성동 지역의 아파트 경비 노동자를 대상으로 진행한 실태조사 결과 노동자들은 그들이 해야 할 본연의 업무인 감시·단속 업무에 쏟는 시간은 근무시간 중 21%밖에 안 되는 것으로 나타났다.

오히려 택배관리나 청소, 분리수거, 주차 및 통근 관리 등에 쏟는 시간이 4배나 많은 것으로 나타났다. 이는 지금까지 각 아파트 입주자 대표회의가 불법노동을 시킨 것으로 해석할 수 있다. 또는 입주자 대표회의는 몰랐는데 관리사무소 책임자가 노동자들에게 불법노동을 시킨 것이 된다. 그런데 과연 입주자 대표회의가 이런 사실을 몰랐을까. 본연의 업무의 4배에 가까운 다양한 업무를 수행한 우리의 경비 노동자들은 사실상 감시·단속 노동자도 아니었고, 따라서 노동시간 규제 대상이 돼야 했으며, 최저임금 이상을 받아야 했고, 쉬지 못하는 시간은 노동시간으로 인정받아야 했으며, 휴게시설, 수면시설도 제공받아야 했던 것이다.

뿐만 아니라 현행법에서는 악천후일 경우 긴박한 복구 활동을 위한 상황이 아니라면 일을 하지 않도록 규정하고 있지만 노동자들의 상당수는 위험한 상황에서 옥외 작업을 했던 것으로 나타난다.

이런 문제들이 불거지기 시작하자 최근에는 감시·단속 노동자라는 사실을 명확하게 하기 위해 택배 관리는 물론 분리수거도 하지 못하게 하겠다는 정부의 입장 발표가 있었다. 하지만 이는 현실성 없는 대책이다. 그럼 청소와 주차관리, 출·

퇴근 시 교통정리, 음식물 쓰레기통 관리, 제설 작업 등도 하면 안 되는 것인데 입주민들이 이를 용인할 리가 없으니까. 전형적인 탁상 행정이다. 만약 이런 일을 경비 노동자가 하지 않으면 누군가를 또 고용해야 한다. 요즘 무인경비시스템으로 전환하고 있는 아파트가 늘어나고 있는데 무인화했다고 해서 비용이 안 들어가는 것도 아니다. 낼 건 다 낸다. 무엇이 진짜 노동자와 주민을 위해 좋은 것일까.

미래의 나, 노인노동을 쳐다보자

현재 우리나라 노인의 기준은 65세이다. 그러나 주변을 둘러보라. 65세 이상의 연령을 가진 사람들 중 정말 노인처럼 보이는 사람이 몇이나 되나. 허리도 곧고 체력이 왕성한데 하루 종일 집안에만 있어야 한다는 건 끔찍한 일이다. 등산도 하루 이틀이다. 게다가 아직 노후 준비가 부족한 경우라면 무조건 일해야 한다. 노인이 노동을 하는 것은 이제 필수인지도 모르겠다.

    중앙정부나 지자체에서 '어르신 일자리'를 계속 확대하려는 정책은 여러 가지 이유가 맞물려 있다. 연금에 대한 정부 부담을 낮추려는 정책인 동시에 노인복지에 대한 비용 절감 차원도 있을 것이다. 그러나 무엇보다 중요한 것은 일하고자 하는 노인들의 적극적 요구 또한 존재한다는 것이다. 은퇴자들 사이에서는 은퇴한 후 일을 완전히 관두면 훨씬 빨리 늙는다는 이야기가 있다. 적당한 긴장이 정신과 육체를 자극할 때 오히려 면역력과 활력이 올라간다는 많은 연구결과도 있다.

이젠 피할 수도 없고 오히려 즐겨야 하는 것이 노인노동이 됐다. 그런데 여전히 노인과 노동을 경시하는 풍조가 남아 있다는 것은 참으로 낡았을 뿐만 아니라 반시류적인 동시에 천박한 생각이다. 게다가 노인노동의 특수성을 고려할 때 적절한 노동 강도가 요구되지만 실제로 경비 노동자의 경우에 더욱 가혹한 노동 조건에 노출되고 있다는 것은 이율배반이다. 그리고 우리는 항상 옆에 있는 그 노인노동 때문에 안락하고 평온한 일상을 누리고 있다. 과연 우리는 그들의 노동을 잘 존중하고 있을까. 옆에 있는 이들을 바라보는 것부터 시작하자.

벼랑 끝 택배 노동자

허승무

우리는 택배 노동자를 기다린다

1990년대부터 점차 확대된 온라인 마켓 시장과 더불어 개인 물류, 택배 시스템도 외연이 확장되기 시작했다. 인터넷쇼핑 없는 우리의 생활은 무미건조하다고 느낄 만큼 대다수의 우리들은 택배에 의존(?)하는 삶을 살아가고 있다. "택배입니다"라는 말소리에 격하게 반응하는 우리의 모습이 이제 현실적인 모습이 됐다.

    급격하게 변화하는 시대에는 다양한 직업군이 사라지기도 하고, 새로 생겨나기도 한다. 택배 노동자는 사회적 요구에 의해 생겨난 새로운 직종이다. 소포란 이름으로 이전에도 있었던 직업으로 인식되기도 하지만, 그 면면을 자세히 들여다보면 소포를 취급하는 집배원들과는 다른 신종 직종으로 표현하는 것이 정확하다. 작업량 자체도 다르거니와 물류 시스템 자체의 변화로 인해 작업의 형태가 기존과는 다른 특성이 있기 때문이다.

    우리 지역을 담당하는 택배 노동자에게 무슨 일이 생겨 물건이 배달되지 않거나 지연되는 일이 발생하면 우리는 매우 속상할 것이다. 물론 최근의 택배 사업장은 메이저급으로 대체 인력이나 업무량을 조절할 수 있는 시스템이 겉으로는 마련되어 있어 시스템 자체의 오류가 아닌 경우 대부분 지연 사고는 발생하지 않는다. 그러나 노동자에게 문제가 생기는 상황이 다발적으로, 즉 한두 명이 아닌 집단적으로 발생되면 우리 사회는 어떻게 될까? 사람들이 매우 날카로워질 테고, 나아가 신경질적인 사회가 될 수 있으리라.

택배 노동자 1인이 담당하는 하루 물량이 지역마다 그리고 개인마다 편차가 있겠지만 보통 150~200건이라고 한다. 택배 노동자 1인당 150명 이상의 사회 구성원이 울고 웃을 수 있는 상황이 만들어질 수 있다는 의미이다. 택배 노동자의 안전보건은 당사자들의 개인 문제로 볼 수도 있겠지만, 이 사회의 구성원으로서 우리의 이웃으로서 관심과 조명이 필요한 문제이기도 한 것이다.

택배 노동자의 안전보건 문제

안전보건 전문가들은 택배 노동자의 안전보건 문제에서 가장 중하게 다루어야 할 질환은 근골격계 질환이라고 이야기한다. 물론 뇌심혈관계 질환도 심각하고 중요하게 관리돼야 하지만 무엇보다 근골격계 질환이 택배 노동자 사이에서 만연하다는 사실을 강조하고 싶다.

근골격계 질환은 예전에 자주 쓰던 말인 '골병'을 떠올리면 이해하기 쉽다. 우리네 할머니들이 달고 살았던 질환 '골병'. 꼬부랑할머니병으로 불리기도 했던 이 질환은 허리 부위의 대표적인 근골격계 질환인 척추관협착증이란 질환이다. 어느 순간 꼬부랑 할머니는 많이 사라졌다. 건강에 대한 인식이 높아져서, 개인적인 관리 여건이 좋아져서, 의료기관의 진입장벽이 낮아지고 의료 기술이 발달해서… 등등을 이유로 드는데 모두 맞는 이야기들이지만, 가장 큰 영향을 미친 건 작업환경의 변화 때문이다. 구체적으로는 입식부엌으로의 전환과 가사노동의 작업 부하를 줄여주는 가전제품의 보급 덕분이다. 그러고 보면 꼬부랑 할머니는 대표적인 근골격계 질환자였던 것이다.

수년 전 대전시의 한 택배 노동자가 병원을 방문했다. 허리 부위에 심한 통증을 호소했고, 정밀검사 결과 추간판 탈출증이라는 진단 검사를 받았다. 우리가 흔히 디스크라고 알고 있는 허리 부위의 대표적인 근골격계 질환이다. 그런데 문제가 있었다. 너무 늦게 병원을 찾은 것이다. 근골격계 질환은 특히 그런 경우가 많은데, 통증이 심하다가도 며칠 참으면 거짓말처럼 통증이 사라지곤 하니까 참고 참다가 뒤늦게 병원을 찾는다. 뇌심혈관계 질환이나 암처럼 죽는 병이 아니라는 것도 질환의 조기 개입을 방해하는 요소이다. 병원에 찾아오신 환자분도 마찬가지였다. 너무 늦게 오시지만 않으셨다면 수술까지 받는 일은 없었을 수 있었다.

근골격계 질환은 완치가 힘든 질환으로 알려져 있다. 개인적인 상태와 질환 정도, 신체조직, 기타 등등에 따라 다르지만 수술을 권장하지는 않는다. 몇몇 질환은 수술이 꼭 필요한 경우도 있지만, 의료 기술의 발달 덕분에 가벼운 시술을 통해 질환을 호전시킬 수도 있다. 비율이 아주 높지는 않지만 수술 휴유증이 발생하는 경우도 있다. 이러한 경우 의학적 개입에 제한이 있어 통증을 평생 달고 살아야 하는 경우도 있다. 비교적 초기에 발견되고 개입을 한다면 관리가 될 수 있는 질환이 근골격계 질환이다.

대표적인 관리로는 운동이나 스트레칭 등을 손꼽을 수 있다. 그러나 운동은 본인의 상태에 따라 처방을 받아 시행하는 것을 추천한다. 근골격계 질환을 호소하는 신체 부위의 특성을 이해하지 못하고 수행한 운동은 질환을 악화시키는 경우도 있다. 따라서 근골격계 질환이 의심되는 신체부위가 있다면, 그 관리에 있어 본인에게 맞는 운동을 수행하는 것이 필요하고, 이 과정에서 질환자 본인의 운동 방법을 알려줄 수 있는 전문가 상담이 필요하다.

예방이 중요한 질환 특성상 근골격계 질환 징후나 증상이 없다고 해도 운동이나 스트레칭은 매우 중요하다. 허리 질환으로 병원을 방문한 택배 노동자는 이러한 교육을 받은 적이 없었을까? 몇 번의 교육을 받았지만 크게 관심을 두지 않았다고 한다. "나는 아닐 거야"라고 생각한 것이다.

근골격계 질환은 아쉽게도 100% 예방은 불가능한 질환이다. 관련 연구를 하는 필자 역시 "근골격계 질환은 개인적으로 관리 잘하고, 현장의 위험성도 관리되면 100% 예방할 수 있습니다"라고 주장하고 싶은 마음이다. 그런데 불행하게도 완전한 예방은 불가능한 질환이 근골격계 질환이다. 이 세상 어느 국가, 어느 사회에도 근골격계 질환은 존재한다. 우리의 예방 활동은 그 가능성과 발생률을 낮추기 위한 노력인 것이다. 그래서 "나는 아니겠지!"가 아니라 "나일 거야, 나면 어떡하지!"란 마음으로 근골격계 질환에 대처해야 한다.

허리 질환 택배 노동자는 이런 질문도 했다. "허리가 아픈데, 택배는 날라야 하고… 요추 보호대를 착용하고 일을 했는데 괜찮은 거냐?"는 질문이었다. 허리가 아프다면 허리에 좋지 않은 작업은 중단하는 것이 맞다. 사내에 대체 인력이나 작업 순환, 작업 전환 등의 관리적 시스템을 통해 휴게시간이 주어지거나 그 상태에 따라 허리 부위에 부담이 없는 또는 적은 작업으로 배치돼야 할 것이다.

그러나 이러한 시스템이 준비된 사업장은 많지 않다. 특히 영세, 소규모 사업장에는 이러한 관리 개념이나 여유가 부족한 것이 사실이다. 즉 아픈 상태에서도 작업을 수행해야 하고, 그러한 경우 요추 보호대의 사용은 허리 부위의 급성 통증 완화에 도움이 될 수 있다. 다만 이러한 보호대의 사용은 본인의 능력보다 무리한 힘을 사용하게 하거나, 장시간/장기간 착용 시 근육 약화 등을 초래하여 악영향을 줄 수 있다. 따라서 필요한 경우에 잠깐씩 착용하는 것을 권장하고 있다.

그렇다면 택배 노동자는 왜 허리가 아플까? 다들 아시리라 생각된다. "무거운 거 들어서 그런 거 아냐?" 맞는 이야기이지만 꼭 정답은 아니다. 단순하게 중량물 수동 취급이 원인이기보다는 물건 중량은 어떻게 되는지, 드는 빈도는 어떠한지, 어떤 자세로 드는지, 이동경로는 어떠한지 등 해당 작업의 전반적인 상황이 고려돼야 위험 여부를 평가할 수 있다. 다음에서는 근골격계 질환의 유발 요인이라고 정의된 무리한 힘, 반복성, 작업 자세 등이 택배 업무에서 어떻게 발생되는지 살펴보려 한다.

택배 노동자에게 가장 주요한 작업관련성 위험요인인 '무리한 힘'을 살펴보자. 안전보건공단에서는 1인당 드는 중량물의 무게를 제한하는 권고 기준을 제시하고 있다. 이는 권고 기준이기에 기준을 넘는 들기 작업을 수행한다고 법적인 문제가 되지는 않는다. 하지만 적정 수준의 들기 작업을 위해 알아야 하고 지키려고 노력해야 한다. 통상 남성은 25kg, 여성은 남성의 60% 기준인 15kg을 1인당 취급하는 한도 무게로 제시한다. 이 기준을 초과하는 경우 작업보조기구를 사용하거나 다인이 취급해야 한다고 설명한다. 성별과 연령을 변수로 좀 더 세분화한 허용 무게를 제시하는 기관(ILO 등)이나 국가(일본 등)도 있다. 들기 작업의 위치를 높이와 거리로 구분하여 각 영역별 한계 무게를 제시하는 기관(HSE 등)도 있다.

일상생활에서도 무거운 중량물을 수동(인력) 취급해야 하는 경우가 많다. 대형마트에서 물건을 잔뜩 사서 들고 오는 경우, 물에 젖은 세탁물을 건조대로 나르는 경우, 쌀포대를 들거나 가전제품을 드는 경우 등 5kg 이상의 중량물을 운반하는 상황은 일상 생활에도 종종 발생한다. 다행인 건 이러한 일이 대부분 1회성 작업이라는 것이다. 연속되거나 반복적으로 발생될 때에는 인상이 찌푸려지거나 한숨부터 나오기도 한다.

그렇다면 택배 노동자들은 어떨까? 물론 모든 택배 물품이 5kg 이상을 상회하는 것은 아니지만 한 택배 노동자와의 인터뷰에서 최소 30% 이상이 5kg 이상의 중량물이라는 응답이 있었다. 그렇다면 하루에 약 50개 이상의 중량물을 드는 것이다. 게다가 하나의 물건을 여러 번 들었다 놓기 때문에 횟수는 몇 배가 된다. 중량물 수동 취급 작업 시 초기 중량물을 들 때(시점)와 놓을 때(종점) 위험성이 급격히 증가한다. 특히 시점에서 급격한 힘의 사용은 자칫 저킹Jerking이라는 허리 부상 위험에 노출될 수 있다.

들기 작업의 위험성을 평가하는 대부분의 인간공학적 평가 도구는 들어올리는 시점과 놓아야 하는 종점의 위치를 주요한 평가지점으로 설정한다. 시점에서의 작업 위치(중량물의 높이와 거리)는 위험성을 평가하는 매우 중요한 요인이다. 취급 높이(손잡이의 높이)는 무릎 위에서 어깨까지를 비교적 양호한 구간으로 규정하고 있다. 반대로 설명하면 무릎 아래나 어깨 위에서 취급하는 경우는 위험하다는 의미가 된다.

바닥에서 중량물을 취급하는 자세에 대한 가이드라인은, 최대한 신체를 취급물에 밀착시키고 무릎을 구부려서 취급물을 잡는 자세이다. 처음에는 이 자세가 잘 안 될 수 있지만 자주 익혀 습관으로 만들어야 한다. 낮은 위치의 중량물을 들기 전에 항상 무릎을 굽히는 습관을 들이다 보면 올바른 자세가 익숙해지고, 의식하지 않아도 해당 자세가 취해질 것이다.

힘을 사용하는 작업은 들기 작업 외에도 밀거나 당기는 작업도 있다. 택배 노동자들은 집하장에서 담당구역의 많은 물량을 대형의 운반구를 사용하여 운반한다. 국내 택배회사 대부분은 컨베이어벨트 등을 이용한 기계화가 상당 부분 진행되었지만, 상차를 하는 과정에서는 중량물 수동 취급 작업이 필수로 발생하며, 대형 운반구의 사용도 발생한다.

컨테이너형 대형 운반구에 최대 높이까지 적재하면 대략 300kg 내외의 물품이 실리게 되고, 약 50여 개의 상자가 적재된다. 물론 상황에 따라 무게와 부피로 인해 상자의 개수는 편차가 크지만 도시지역, 상업지역 등을 중심으로 최소 3회 이상의 대형 운반구 취급이 발생한다고 한다. 대형 운반구에 300kg이 실렸다고 해도 밀기/당기기에 같은 크기의 힘이 요구되지는 않는다. 상황에 따라 소요되는 힘은 주변 환경에 따라 달라진다. 캐스터(바퀴)의 크기나 상태, 바닥면의 재질과 조건, 적절한 손잡이의 유무 등 운반구 전체 무게 외 다양한 조건들이 밀기/당기기의 소요 힘을 결정한다. 운반구는 중량물 수동 취급 부하를 감소시킬 수 있는 좋은 대안이지만 적절한 운반구를 선정하고 주변 환경에 대한 검토도 필요한 것이다. 일상생활에서도 적정한 소형 운반구를 비치해놓으면 유용하게 사용할 수 있다.

힘 이외에도 택배 노동자들에게는 반복성이라는 위험요인이 있다. 반복성은 유사한 동작을 반복적으로 수행할 때 나타나며, 신체 부위별로 위험성의 기준이 다르다. 손가락은 200회/분, 손목과 팔꿈치는 10회/분, 어깨는 2.5회/분을 통상적으로 그 기준으로 사용한다(Kilbom, 1994). 어떤 신체부위의 동작이 반복되는지를 관찰하고, 스톱워치 등을 통해 분당 반복횟수를 살펴보면 반복성이 위험이 될 수준인지를 판단할 수 있다.

중량물을 취급하는 과정에서 이 반복성 문제가 발생한다. 컨베이어라인에서 택배 상자를 잡고 이를 운반구에 적재하는 과정이나 운반구의 택배 상자를 차량에 상차하는 과정에서 이러한 반복성이 나타난다. 이러한 과정과 동작을 관찰해보면 어깨 부위가 반복되는 작업이라는 것을 확인할 수 있다. 일상생활에서도 반복성이 관찰되는 경우가 있다. 주로 음식 만드는 과정 중 칼질, 설거지, 청소, 빨래 등의 가사 노동이 이에 해당될 것이다. 가사노동은 손목/팔꿈치/어깨 부위의 반복성뿐 아니라 불안정한 작업 자세나 힘이 요구되는 노동이다. 다만 최근에는 과학의 발달로 다양한 전자제품들이 이러한 가사노동을 대신하고 있다.

택배 노동자들은 바닥 작업을 할 때가 잦은 편이다. 최근 택배 물량이 많아지고 1인 거주자들이 많아지면서 물건을 손에서 손으로 전달하는 경우보다 일정 장소에 내려놓는 경우가 많다. 대부분 현관 앞바닥에 놓아지기 때문에 중량물 수동 취급 시 거론되었던 무릎 아래에서 취급되는 불안정한 작업자세가 발생하는 경우가 많다. 또한 집하장에서 본인 담당구역의 택배물품을 순서에 따라 구분하기 위해서 바닥에 쌓는 경우가 많은데 이때도 바닥 작업이 발생한다. 바닥 작업 시 허리를 굽히거나 팔을 뻗는 동작을 하는데 이는 팔꿈치, 어깨, 허리 부위에 작업 부하를 발생시킨다. 대형 운반구에서 물품을 취급하는 경우에는 팔을 어깨 위로 들어야 하는 위보기 자세도 발생된다.

인간공학적으로 불안정한 작업자세의 대표적인 작업 자세는 쪼그림(무릎 꿇기 포함)과 위보기 작업 자세이다. 쪼그림은 다리 부위에 작업부하 이외에도 작업 위치로 인해 허리부위 굽힘이 나타나고, 쭉 펴진 팔꿈치 부위, 목 부위 굽힘도 동시에 나타나는 경우가 많다. 신체 각 부위에 불안정한 작업자세가 나타나고 그 위험성이 높아지는 것이다.

상기에 전술한 근골격계 질환의 유발요인은 노출시간 또는 노출기간과 연관되어 최종적인 위험성을 결정한다. 위험한 작업자세인 쪼그림 자세라도 8시간 작업시간 중 1분 노출되는 경우와 6시간 노출되는 경우의 위험성은 분명한 차이가 있다. 또한 이러한 작업조건이 연중 며칠이나 발생하는지, 일상적으로 나타나는지, 그 빈도도 중요하다. 노출 기간은 몇 년 동안 그러한 환경의 작업을 수행했는지에 대한 내용이다. 즉 전체 작업시간에서 일정 이상의 노출이 있어야 위험하다고 이야기를 할 수 있을 것이다. 최근 연구에서 노출시간이나 빈도는 전체 작업시간의 약 25%인 2시간, 50%인 4시간을 기준으로 위험, 고위험을 판단하고, 노출기간은 약 5년 이상에 대해 직업력에 의한 노출 위험성을 인정하는 경우가 많다.

무리한 힘을 사용하거나, 불안정한 작업자세가 나타나고, 반복성이 있는 작업들이 일상생활에도 나타난다. 다만 일상에서는 그 노출시간이 길지 않거나 1회성 작업이 많고 휴식시간을 스스로 조절할 수 있는 특성이 있어 작업부하 또는 피로의 누적을 방지할 수 있다. 그러나 정해진 시간 내에 담당구역의 택배물품을 구분하고 이를 정리하여 상차하고, 운전하며 일일이 택배를 전달하는 노동자들은 매우 높은 작업 부하를 감수하며 작업을 수행하고 있다.

택배 노동자의 근골격계 질환 원인을 살펴보았다. 물론 근골격계 질환만이 문제가 아니다. 최근 코로나 19로 인한 작업량의 급격한 증가는 '과로사'란 이름으로 그네들을 죽음으로 몰아가고 있다. 주말도 없는 일평균 12시간의 택배 업무, 신체적인 피로와 끝이 보이지 않는 업무 사이클에서 발생하는 정신적인 스트레스, 산처럼 쌓인 택배 물량 앞에서 "며칠만 고생하자"고 마음먹지만 끝이 없는 순환, 이러한 모든 것들이 원인이 되어 과로사란 결과로 나타나는 것이다.

심야배송이 문제다, 주5일 근무제가 필요하다, 표준계약서를 도입해야 된다 등등의 개선 의견이 쏟아져나왔다. 사회적 관심이 집중된 결과이다. 그런데 정작 그런 개선안들이 실효성이 있을까? 근본 원인들에 대한 개선 없이 겉보기 중심의 개선이 얼마나 도움이 되겠느냐는 회의가 드는 것도 사실이다. 대부분의 택배 노동자는 개개인이 사업주인 특수 고용의 형태가 많다. 산재보험 가입이나 적정량 이상의 물량 강요, 담당 구역에 대한 택배회사의 갑질 논란도 이러한 고용형태가 만들어내는 또 하나의 어두운 면인 것이다. 이러한 시스템은 개선안들의 실효성을 방해하는 요인이 된다. "단계적으로 직고용하겠다"는 어느 택배회사의 기자회견이 몇몇 전문가들이 쏟아내는 개선안에 비해 효과적일 것 같다는 생각이 든다. 직고용 약속이 과연 잘 지켜지는지 우리가 같이 지켜봐야겠다.

나가며

나 또는 우리 가족이 저곳에서 평생 일해도 좋겠는가

이 책을 통해 많은 노동자들을 만났다. 출근하면서 아파트 경비 노동자와 청소 노동자를, 집에서는 배달 노동자를, 식사하면서 서비스 노동자들을 만났다. 그동안 우리는 그들을 통해 얻어지는 노동의 결과에만 관심을 가졌다. '서비스는 좋았나?' '주문한 물건은 언제 도착하나?' '제품에 하자는 없나?'

아쉽게도 노동의 과정에는 별다른 관심이 없었다. 아니, 알고 싶어 하지 않았는지도 모른다. 이 책을 통해 그동안 우리들이 외면했던 그들의 이야기를 전하고 싶었다.

미소 속에 감춰진 서비스 노동자들의 상처받은 마음의 병을, 물건을 받는 기쁨 속에 가려진 택배 노동자들의 온갖 골병들을, 차별이 존재하는 비정규직 하청 노동자들의 열악한 노동 현실을 말이다.

암울한 이야기들이 많다. 그래서 어떤 독자들은 슬퍼하고, 원망하고, 울분을 느낄 수도 있다는 생각이 든다. 그런데 꼭 암울한 이야기만 있지는 않다. 필자들은 이 책을 통해 질문을 던지고 싶었다. 그리고 그 답을 찾기 위한 노력을 독자들과 함께하고 싶었다. '왜 사람들은 노동을 차별할까?' '존중받는 노동이란 무엇일까?' '노동이 존중받지 못하는 이유는 무엇일까?' '정당한 노동의 가치는 무엇이고, 왜 그 가치는 인정받지 못할까?'

필자들이 제시한 답은 각자 다르게 표현되었지만 공통점이 하나 있다. '노동자들의 시각에서 그들의 문제를 이해하고 노동을 바라보자'는 것이다. 그래야만 타인의 노동을 존중할 수 있다. 존중은 자그마한 배려에서부터 시작된다.

노동을 바라보는 인식이 바뀐다고 다 해결되지는 않는다. 그러나 노동자들을 대하는 마음과 행동이 변하지 않는 한 아무리 좋은 정책과 제도가 만들어진들 현장에서는 절대 작동하지 않는다. 그리고 좀 더 근원적인 제도적 변화도 함께 이루어져야 한다.

책임을 회피하는 위험의 외주화는 금지돼야 한다

그동안 노동자들은 요구했다. 위험을 회피하기 위한 '위험의 외주화'는 안 된다고 말이다. 시장경제에서 외주화는 어쩔 수 없는 생산 방식일 수 있다. 모든 회사가 기업 운영에 필요한 인력을 전부 갖출 수는 없기 때문이다. 문제는 외주화 자체가 아니라 위험을 회피하기 위한 '위험의 외주화'이다.

위험을 외주화하면 소유와 운영(작업)이 분리되기 때문에 안전보건 관리에 심각한 공백이 생긴다. 위험을 외주화하는 순간 그 일을 하는 하청 노동자는 더 이상 나와 상관없는 남이 되는 것이다. 같은 울타리 안에서 동일한 목적의 노동을 하는 데도 말이다.

2018년 12월에 사망한 태안화력발전소의 '김용균'이 그랬다. 2인 1조 작업을 요구했지만, 컨베이어 덮개를 요구했지만, 모두 다 철저히 무시됐다. 설비는 우리 것이 맞지만 그곳에서 일하는 노동자는 우리 식구가 아니기 때문에 투자할 리 만무했다. 위험의 외주화 금지가 확대돼야 하는 이유다.

사고에 대한 책임은 엄격해야 한다

우리나라는 노동자가 숨지는 중대재해가 발생하더라도 대부분 집행유예 또는 소액의 벌금형에 그치는 게 현실이다. 2016년에 발생한 사망사고의 평균 벌금액이 432만 원에 불과하다. 어떻게 이럴 수가 있는가? 노동자의 목숨 값이 잘 나가는 대기업 신입사원 월급만도 못하다는 말인가? 벌금을 내는 것이 투자 비용에 비해 훨씬 경제적인데 누가 안전보건 문제 해결에 투자하겠는가?

그동안 노동계에서는 끊임없이 '중대재해기업처벌법' 제정을 요구했다. 강력한 처벌이 산재 사망을 줄이는 데 가장 효과적이라는 것이 많은 연구를 통해 이미 알려져 있기 때문이다.

2021년 1월, 드디어 중대재해기업처벌법이 국회를 통과했다. 긍정적인 변화임에는 틀림없다. 그러나 2년 전 산업안전보건법 전면 개정 때도 그랬던 것처럼 이번에도 법이 누더기가 되어버렸다. 법의 원안과는 달리 처벌의 대상은 대폭 축소됐고, 처벌의 수위는 낮아졌다. 빠져나갈 수 있는 구멍들이 여기저기 만들어진 셈이다. 심지어 2020년 4월, 38명의 노동자 목숨을 앗아간 이천 물류창고 화재사고의 중요한 원인이었던 (공기 단축을 요구한) 발주자의 책임도 처벌할 수 없는 법이 되어버렸다. 법조문의 잉크가 마르기도 전이지만 더욱 실효가 있도록 법 개정을 요구할 수밖에 없는 이유다.

노동자 참여권이 보장돼야 한다

노동의 주체는 일하는 노동자다. 사고의 위험에 직면하는 것도, 유해한 화학물질을 마시는 것도 노동자다. 그럼에도 안전보건 정책을 만들고, 실행하고, 관리 감독하는 모든 과정에서 노동자는 제3자에 불과하다.

국제노동기구ILO에서는 1981년부터 "노동자 안전위원이 작업장 점검을 할 수 있고, 안전보건 문제에 대한 의사결정 과정에 참여할 수 있도록 하는 등 활동을 보장할 것"을 권고하고 있다. 유럽연합에서는 지침에 의해 사업장 안전보건에의 노동자 참여 규정을 명시하고 있으며, 스웨덴, 독일, 영국, 핀란드 등에서는 이러한 노동자 참여권 보장을 통해 많은 산재 예방 효과를 거두고 있다.

　물론 우리나라도 '산업안전보건위원회'나 '명예산업안전감독관' 제도를 통해 어느 정도 참여권을 보장하고 있다. 그러나 권한이 거의 없는, 참여가 아닌 수동적 참관에 불과하다. 진정한 참여권 보장을 위해서는 노동자 참여 당사자의 임명 기준과 대상 사업장이 확대돼야 하고, 참여자의 활동시간 보장은 물론이고 실질적 책임과 권한이 보장돼야 한다.

　위험에 노출되고 사고를 당하는 사람은 사업주도 아니고, 전문가도 아니고, 바로 노동자 자신이기 때문이다.

노동자의 작업중지권이 보장돼야 한다
노동자들은 위험이 예측될 때 자기 생명을 지키기 위해 그 일을 회피하거나 작업을 중지할 수 있을까? 대부분은 그럴 수 없다. 해고의 위험, 생산 손실에 따른 손해배상 청구가 부담되기 되기 때문이다.

　2016년 구의역에서 스크린도어를 고치다 숨진 '김군'이 그랬다. 2020년 4월에 38명의 목숨을 앗아간 이천 물류창고 화재사고도 마찬가지다. 사전에 사고 위험이 예측되었지만 하청 노동자들은 시키는 대로 일할 수밖에 없었다.

　만약 노동자 스스로가 감지된 위험을 회피할 수 있고, 조치 후 작업할 수 있는 기본적 권리가 주어진다면 많은 사고들을 예방할 수 있다. '일하는 모든 사람은 위험에 노출되지 않고, 평등하고, 공정하고, 안전하게 일할 수 있어야 한다'는 기본적 권리가 보장되기를 희망해본다.

노동자들의 시각에서 그들의 마음을 읽어냈던 해치 T. Hatch 교수의 질문을 스스로에게 던져본다.

'저 노동자는 저 작업장에서 평생토록 일해도 좋겠는가?'
'나는 저 작업장에서 평생토록 일해도 좋겠는가?'
'내 아들 딸이 저 작업장에서 평생토록 일해도 좋겠는가?'

모든 질문에 '예'라고 답할 수 있을 때 노동은 존중되고 일터는 안전할 수 있을 것이다.

집필진을 대표해서 이윤근 씀

발문

녹색병원과 노동환경건강연구소의 꿈

임상혁 녹색병원 원장

구리시에 원진레이온이라는 큰 공장이 있었다. 이 공장에서는 레이온 실을 만들기 위해 이황화탄소라는 유기용제로 원료를 녹였다. 이황화탄소는 쉽게 증발되는 물질이라서 공장 공기에 섞여 노동자의 숨과 함께 폐를 거쳐 혈관을 타고 온몸으로 전달됐다. 노동자의 몸속에서 이황화탄소는 지방조직인 뇌와 신경세포를 녹였다. 노동자는 말이 어눌해지고 손발이 마비되어 주저앉아 일어서지 못하게 됐다.

1988년, 세상에 원진레이온 직업병이 알려졌다. 전국의 노동자와 시민들이 직업병 피해자의 편에 섰다. 처음에는 이황화탄소 중독증이라는 직업병을 인정받기 위해 싸웠고, 그다음에는 대책 없이 공장 문을 닫는 것에 맞서 싸웠고, 그리고 더 이상 원진레이온 피해자들과 같은 고통이 반복되지 않도록 병원과 연구소를 만들기 위해 싸웠다.

전태일 노동자에게 대학생 친구가 필요했던 것처럼, 원진레이온 직업병 피해자들에게는 자신의 환경과 건강상태에 대해 이야기를 나눠줄 친구가 필요했다. 그렇게 10년. 1999년 6월 5일 원진녹색병원과 노동환경건강연구소가 구리시 인창동에서 문을 열었다. 아시아는 물론 전 세계 역사에서 직업병 피해자가 병원과 연구소를 설립한 것은 놀라운 일로 평가됐다. 2003년에는 서울시 중랑구에 17개의 전문진료과, 40여 명의 전문의, 450여 명의 의료진이 일하는 300병상 규모 종합병원인 녹색병원이 문을 열었다. 그리고 이때 노동환경건강연구소도 서울로 이사를 오게 됐다. 1999년에 5명으로 시작한 노동환경건강연구소는 현재 20명의 상근 연구자들이 일하고 있다.

구리 원진녹색병원이 산재전문병원을 향해 걸어갔다면, 서울 녹색병원은 질 높은 의료서비스와 함께 '지역사회, 노동자와 함께하는 민간형 공익병원'이라는 비전 아래 노동자와 지역 주민을 위해 다양한 공익적 활동을 진행하고 있다. 우리나라 최초로 인권치유센터를 개소하여 인권 침해나 농성 등으로 건강이 손상된 이들에게 전문적인 의료서비스를 제공하고 있고, 경제적 어려움이 있는 건강 취약계층이 병원 이용을 포기하지 않도록 다양한 기금을 조성하여 의료비 지원을 하고 있다. 이 책에서 만난 택배 노동자, 대리기사, 라이더, 가사노동자 들의 노동조합과 녹색병원은 의료지원 협약을 맺고 있다. 노동환경건강연구소는 이 노동자들의 실태를 조사하고 그들의 고통에 이름을 붙여 세상에 알리는 일을 하고 있으며, 이들을 보호할 수 있도록 법과 제도를 만들고 바꾸는 일을 하고 있다.

나는 노동환경건강연구소의 3대 연구소장으로 일을 하다

가 최근에는 녹색병원 원장을 맡고 있다. 녹색병원의 원장이 되면서 새로운 꿈을 가지게 됐다. 그것은 바로 '건강 공동체'이다. 정부가 주도하는 것이 아니라 지역주민, 노동자가 참여하고 주도하여 건강을 위협하는 환경을 개선하고, 질병을 예방하는 활동을 같이 하고, 차별 없이 의료서비스를 받으며, 건강한 몸으로 일터에, 사회에 복귀하는 공동체, 누구 하나라도 소외받지 않도록 더 많이 배려하고 존중하는 연대의 공동체를 만드는 것이 나와 녹색병원의 꿈이다.

그런데 꿈만 꾸고 있을 수는 없다. 코로나 19라는 재난을 만나면서 많은 국민들이 고통을 받았다. 그중에서 경제적으로 힘이 없는 노동자들과 자영업자들은 더 큰 고통으로 힘겨워한다. 가난한 사람들은 병원에 오지 못하고, 코로나 19로 사망한 사람보다 훨씬 많은 노동자들이 일터에서 사고와 과로로 죽고 있었다. 우리의 힘으로 이 고통을 극복하기 위해서는 연대의 공동체가 하루 빨리 만들어져야 한다. 힘든 사람들이 환경과 건강과 안전에서 차별받지 않고 오히려 배려와 존중을 받을 수 있는 연대의 손길은 1988년 원진레이온의 싸움이 시작되던 그 순간처럼 2021년 오늘 녹색병원과 노동환경건강연구소를 통해 시작될 수 있다고 믿고 있다. 나는 이 믿음이 나와 우리 병원과 연구소만의 믿음이 아니라, 이 책을 읽고 있는 모든 선한 마음들의 믿음이 되기를 희망한다.

후원해주신 분들

강남규	권동희	김규원	김선영	김유나
강명지	권미정	김다솜	김선정	김유정
강성철	권민정	김동건	김성수	김유진
강성희	권민희	김동균	김성아	김은별
강영진	권세리	김동원	김성오	김은서
강유정	권수민	김명훈	김성호	김은실
강은영	권영은	김명희	김소연	김은아
강준선	권용해	김미정	김수연	김은영 (3)
강충원	권의동	김미현 (2)	김숙희	김은희
강태선	권정란	김민선	김승대	김인엽
강혜승	권창섭	김민우	김영미	김재욱 (2)
강혜원	권현미	김민호	김영애	김재희 (2)
고광봉	금미향	김보경	김영훈	김정민 (3)
고용철	기이슬	김보람	김요한	김종임
곽도영	기호철	김새순	김우식	김주리
구둘래	김경란	김서룡	김우연	김주희
구본욱	김규연	김석정	김원영	김지동

김지수	남미현	박신애	서동윤	신윤경
김지영	남연실	박연주	서승용	신은선
김지은 (3)	노경진	박유진	서시원	신의연
김지훈	노미선	박윤준	서양희	신정인
김진경	노민영	박정임	서예나	신지민
김진아	노상철	박종식	서윤수	신지심
김진휘	노승민	박준형	서주성	신지원
김진희	노태훈	박지영	서진숙	신현웅
김창걸	도상윤	박지현	서현수	신현정
김채현	류경민	박진현	서호성	심연희
김태현	문도현	박찬호	석은주	안선아
김태희	문선현	박채은	성영남	안유종
김하은	문선희	박하늬	성영남	안태원
김한올	문은영	박한솔	소수영	양상훤
김해경	문창기	박혜경	손민정	양선화
김현덕	문창준	박희진	손익찬	양성욱
김형숙	문혜경	반명긴	송광연	양순희
김혜선	박경연	배보람	송동수	양연화
김혜원	박기옥	배성호	송석영	양유순
김혜자	박내현	배유나	송옥연	양유정
김호수	박다혜	배주형	송치민	양종훈
김호시	박미설	배혜진	송해나	양준호
김희옥	박미진	백도명	송현석	양지안
김희정	박미화	백명지	신동호	양지혜
나병호	박성희	백슬기	신소정	양현준
나윤영	박세진	백영경	신아영	엄성진
나주용	박승만	서동욱	신용석	엄초롱

여유진	윤지영	이수인	이철원	장진하
염규선	윤혜진	이승민	이태성	장태순
예그림	윤희진	이승재	이태형	장현정
예성열	이가연	이연정	이학준	전명훈
예윤해	이강진	이연주	이해인	전민주
오도형	이경숙	이영선	이현석	전보리
오상열	이권열	이영숙	이현영	전성현
오선경	이근탁	이영주	이호영	전세희
오은지	이금주	이용권	임경희	전소연
오한솔	이다미	이은선	임미영	전영민
오현화	이대화	이은영	임수경	전유영
왕상현	이도원	이은옥	임수민	전현표
우한결	이도형	이은지 (3)	임승민	전혜원
유금분	이도희	이이슬	임승훈	정고은
유남균	이동열	이정수	임자운	정광채
유성용	이마음	이정순	임재연	정구연
유성윤	이문호	이정옥 (2)	임종민	정길우
유예지	이미선	이정화	임주형	정남두
유재리	이미선	이정희	임현경	정미란
유정열	이상진	이종란	임혜민	정상태
유하영	이선임	이종훈	장경춘	정선영
윤경화	이선진	이지선	장민경 (2)	정성욱 (2)
윤상	이성훈	이지혜	장세희	정소연
윤상진	이소민	이지홍	장영일	정순영
윤은수	이소정 (2)	이진아 (2)	장영철	정승균
윤재국	이소희	이진영	장은하	정승상
윤주환	이수영	이창림	장일호	정애숙

정어령	최상준	한은혜
정예빈	최성순	한제봉
정지민	최소현	한혜정
정지혜	최수종	허병권
정진주	최수진	허상수
정진희	최신원	허용
정태진	최영주	허웅열
조경이	최영태	허향진
조미숙	최용	현승민
조보경	최유빈	홍경표
조성옥	최유숙	홍경호
조성일	최인희	홍권호 (2)
조애진	최일지	홍기돈
조윤숙	최지연	홍기현
주형주	최지인	홍의석
지수연	최태규	홍종남
지현옥	최민진	홍구얼
진윤경	최혜선	홍현주
진휘민	최혜영	황수옥
차성호	편하경	황숙영
채교윤	표지원	황정현
채효정	하성만	황지선
천미정	하승우	황지용
천은아	하은채	황현정
최기웅	한규황	황혜선
최동현	한민경	
최민혜	한솔아	

고통에 이름을 붙이는 사람들

초판 1쇄 발행 2021년 6월 18일
초판 3쇄 발행 2023년 5월 31일

기획	노동환경건강연구소
지은이	김신범, 김원, 윤간우, 이윤근, 임상혁, 임영국, 최영은, 최인자, 한인임, 허승무, 현재순
펴낸곳	포도밭출판사
펴낸이	최진규
등록	2014년 1월 15일 제2014-000001호
주소	충청북도 옥천군 옥천읍 성신로 16, 필성주택 202호
전화	070-7590-6708
팩스	0303-3445-5184
전자우편	podobatpub@gmail.com
웹사이트	podobat.co.kr

ISBN   979-11-88501-20-5 03330

이 도서는 한국출판문화산업진흥원의
'2021년 우수출판콘텐츠 제작 지원' 사업 선정작입니다.

이 책은 저작권법에 따라 보호받는 저작물이므로
무단 전재와 복제를 금합니다.

책값은 뒤표지에 있습니다. 잘못된 책은 바꾸어 드립니다.